AF590677

MEMOIRES
ET
AVANTURES
D'UN HOMME
DE QUALITÉ,

Qui s'est retiré du monde.

TOME PREMIER.

BIBLIOTHÈQUE DE L'ARSENAL

A AMSTERDAM,
Aux dépens de la Compagnie.
MDCCXXXI.

8° B.L. 22298 1

AVIS
DE L'EDITEUR.

CEt Ouvrage me tomba, l'autonne passé, entre les mains, dans un voiage que je fis à l'Abbaye de .... où l'Auteur s'est retiré. La curiosité m'y avoit conduit. J'étois bien aise de connoître un homme si digne de compassion par ses malheurs, & si estimable par la fermeté d'ame avec laquelle il les a supportez. Tous ceux qui ont quelque commerce avec les Peres ... ne sauroient ignorer le nom de cet illustre Avanturier : je serai néanmoins fidele à la promesse que je lui ai faite, de ne le pas placer à la tête de son Histoire. Je ne l'ai obtenue de lui qu'à cette condition ; & l'honneur ne me permet pas d'y manquer. On verra dans les divers evénemens de sa vie, de nouveaux exemples de l'inconstance ordinaire de la fortune ; & l'on admirera qu'un homme ait pu trouver assez de ressources dans son courage & dans sa vertu, pour se soûtenir parmi tant d'agitations. Une félicité constante, ou de malheurs continuels, sont une épreuve trop équivoque de la grandeur d'ame : on s'accoûtume à ce qui dure toujours ; & souvent ce qui paroît une marque de vertu, n'est qu'un pur effet de l'habitude. Mais lorsqu'on a passé successivement par tous les de-

degrez du bonheur & de l'adversité, lorsqu'on a senti les extrémitez du bien & du mal, de la douleur & de la joie, on a fait ses preuves, pour ainsi dire, & ce mélange distingue véritablement les caracteres héroïques; parce qu'il faut autant de force pour soutenir le plaisir avec modération, que pour resister invinciblement à la peine. Au reste, quoique Monsieur ... soit encore plein de vie & de santé, on peut dire sans blesser sa modestie, qu'il a été dans sa jeunesse un des hommes de France les mieux faits, & du meilleur air. Je lui ai entendu rendre cette justice par plusieurs personnes qui l'ont connu, il y a plus de trente cinq ans: il est encore malgré son grand âge, d'une figure très-prévenante, & du caractere le plus aimable du monde. Si l'on trouve dans cette histoire quelques avantures surprenantes, on doit se souvenir que c'est ce qui les rend dignes d'être communiquées au Public. Des événemens communs interessent trop peu, pour mériter d'être écrits. Le stile est simple & naturel, tel qu'on le doit attendre d'une personne de Condition, qui s'attache plus à l'exactitude de la vérité, qu'aux ornemens du langage.

MEMOIRES

MEMOIRES DU MARQUIS DE ***

LIVRE PREMIER.

JE n'ai aucun interêt à prévenir le Lecteur sur le récit que je vais faire des principaux événemens de ma vie. On lira cette Histoire, si l'on trouve qu'elle mérite d'être lûe. Je n'écris mes malheurs que pour ma propre satisfaction: ainsi je serai content, si je retire pour fruit de mon Ouvrage un peu de tranquilité dans les momens que j'ai dessein d'y emploier.

Carminibus quæro miserarum oblivia rerum :
Præmia si studio consequar ista, sat est. *

La naissance & les grands biens ne sont pas toujours des moiens d'être heureux. On peut mener avec l'un & l'autre une vie très-malheureuse, quand on a le cœur formé d'une certaine façon. Je n'expliquerai point aisement ce que j'entens par cette certaine façon dont on peut avoir le cœur formé ; mais on le comprendra sans peine en lisant les tristes accidens de ma vie. Je sors d'une maison illustre, & qui a produit de grands hommes. Mes ancêtres étoient établis depuis plusieurs siecles dans une Province voisine de la France, & qui a passé enfin sous sa domination après avoir été long-tems sous celle d'Espagne. Ce changement de maître fut embarrassant pour eux : Comme ils avoient des établissemens considérables au service du Roi d'Espagne, ils

* Ovide.

ils se trouverent dans la nécessité, ou d'y renoncer, ou de perdre leurs biens qu'ils ne pouvoient conserver en portant les armes contre la France. Mais enfin la fidélité qu'ils crurent devoir à leurs premiers engagemens, les détermina à devenir tout à-fait Espagnols. De quatre freres qu'ils étoient, il n'y eut que le second qui se sentit le cœur François, & qui vint offrir ses services au Roi Louis XIV. Il en fut reçû comme il l'espéroit. Dès la premiere campagne il eut une compagnie de cavalerie. Sa bonne fortune lui procura plusieurs occasions de se distinguer, dont il sut toujours profiter avec honneur; de sorte qu'il se vit bientôt à la tête d'un Régiment, avec l'estime de la Cour & de toute l'armée. Il continua à servir pendant plusieurs années, jusqu'à ce qu'il vînt à songer qu'étant le seul héritier de sa maison dans le Roiaume, l'amour qu'il devoit à son nom, l'obligeoit de ne pas le laisser éteindre dans sa personne. Cette réflexion le fit résoudre à quitter entiérement le service, & à ſe retirer dans ſa Province pour y faire choix d'une épouſe. Il alla trouver le Roi, & lui apprit en lui remettant ſon emploi, par quels motifs il ſe déterminoit à la retraite. Louis XIV. plein de cette bonté généreuſe qu'il a toujours fait paroître pour les Officiers qui l'ont bien ſervi, lui permit de vendre ſon Régiment, & d'en tirer tout l'argent qu'il pourroit. De ſorte qu'il partit fort ſatisfait de la Cour, & ſe rendit dans ſa Province, où il épouſa bientôt une perſonne de qualité & de mérite, qui lui apporta un bien conſidérable: le ſien l'étoit auſſi depuis la renonciation volontaire de ſes freres. Ainſi il ſe vit en état de ſoutenir ſon nom, & de lui donner un nouveau luſtre, ſi le Ciel beniſſoit ſon mariage. Il ſe fit appeller le Comte de . . . . . . C'eſt le nom que les aînez de notre maiſon ont toujours porté; & aiant eu un fils dés la premiere année, il lui donna celui de . . . . qu'il avoit porté lui-même juſqu'alors. Son épouſe eut le malheur de perdre la vie en le mettant au monde. Comme ce fils eſt mon

mon pere, il est nécessaire de m'étendre un peu plus sur ce qui le regarde, parce que les avantures de sa vie ont été la source de toutes les miennes.

Mon grand-pere ne négligea rien pour l'éducation d'un fils si cher, & il eut la satisfaction de le voir répondre à ses espérances. Il l'envoia de bonne heure à Paris. Ses progrès furent prompts dans toutes les sciences, & particulierement dans les exercices qui conviennent aux personnes de condition. Il s'y distingua de telle sorte que le souvenir s'en conservoit encore à l'Académie, lorsque j'y fus envoié au bout de vingt ans. Après s'être formé heureusement pour tout ce qui regarde l'esprit & le corps, il acheva de se polir dans le commerce des plus honnêtes gens de Paris & de la Cour. Il passa ainsi quelques années sans autre occupation, que celle de s'instruire & de se donner du plaisir. Heureux s'il eût su profiter de l'estime où il étoit déjà dans le monde! Mais la fortune lui préparoit des obstacles, que tout ſon mérite ne put lui faire ſurmonter.

Le Comte charmé d'apprendre par les lettres de ſes amis les belles qualitez d'un fils qui lui tenoit lieu de tout, ne put réſiſter à l'envie de le revoir. Il lui écrivit de ſe rendre promptement auprès de lui. Le Marquis revint, & trouva en arrivant au château toute la nobleſſe voiſine, que la nouvelle de ſon retour y avoit aſſemblée. Il fut reçu comme on peut ſe l'imaginer. Son mérite lui gagna d'abord l'eſtime & l'amitié de tout le monde. Il y avoit parmi cette nobleſſe un Gentilhomme attaché particulierement à mon grand-pere. C'étoit un cadet d'une fort bonne maiſon de Normandie, qui avoit été ſon Lieutenant, lorſqu'il n'étoit encore que Capitaine de cavalerie. Un ſervice important qu'il en avoit reçu dans une bataille, le lui avoit rendu ſi cher, qu'il prit ſoin de ſa fortune, lorſqu'il fut dans un poſte plus élevé. Mais comme il ne put alors ſatisfaire entiérement l'envie qu'il avoit de lui faire du bien, il lui pro-

proposa un autre parti, ce fut de le suivre, lorsqu'il quitta le mêtier de la guerre; il lui promit de lui faire passer dans quelqu'une de ses terres une vie douce & honorable. Le Chevalier qui se trouvoit sans biens, accepta volontiers cette offre, & mon grand pere lui tint parole d'une maniere bien généreuse. Il lui abandonna pour toute sa vie le revenu d'une terre, qui étoit voisine de celle où il faisoit lui même sa demeure. Il fit meubler pour lui la maison seigneuriale qui étoit d'ailleurs en fort bon état. Il ne se borna point là: il l'engagea à prendre une épouse, & fut lui même l'entremetteur du mariage, après lui avoir promis que s'il lui venoit des enfans, il en auroit soin comme des siens. Le Chevalier en eut deux; mais l'aîné qui étoit un garçon, mourut dans le premier âge. Il ne lui resta qu'une fille fort aimable, qui avoit seize ou dix-sept ans, lorsque mon pere revint de Paris. On s'imagine bien que parmi ceux qui s'empresserent de lui faire honneur, le Chevalier ne fut pas des plus lents. A peine les premiers jours furent passez, qu'il lui proposa une partie de chasse dans les grandes forêts, qui sont le principal bien de notre maison. Son dessein étoit de le ramener par la sienne, où il faisoit préparer un magnifique souper. Sa fille qui n'avoit pas encore vû mon pere, & qui brûloit d'envie de le voir, sur ce qu'elle avoit appris de son mérite, ne négligea rien de tout ce qui pouvoit servir à la faire paroître avec avantage. Elle fit plus ; elle se mit dans un carrosse avec quelques-unes de ses amies, & se fit mener vers le lieu de la chasse, sous prétexte qu'elle vouloit prendre sa part du plaisir. Je ne sçai s'il n'entroit pas déjà dans cet empressement quelque inclination pour mon pere, & quelque desir de lui en inspirer pour elle ; mais si ce fût là son dessein, elle y réussit plus promptement qu'elle ne pouvoit l'espérer. Les chasseurs s'étoient dispersez dans la forêt. Le Marquis fut un des premiers que le hazard conduisit vers le carrosse. Il l'aborda ; & si ses premiers regards

lui

lui firent une conquête de la fille du Chevalier, il devint lui-même la sienne en un instant. Jamais passion ne fit de plus prompts progrès dans une ame. Je lui ai entendu dire bien des fois qu'il n'avoit rien aimé serieusement jusqu'alors, & que se sentant tout d'un coup si excessivement touché, il en avoit frémi, comme par un pressentiment secret des peines que l'amour lui alloit causer. Mais toutes ses réflexions furent trop foibles contre le penchant de son cœur. Il ne trouva dans toute la soirée que de nouvelles raisons de s'enflammer davantage, & il sortit de cette maison le plus passionné de tous les hommes.

Qu'il me soit permis de faire quelques réflexions sur cette premiere époque de nos infortunes domestiques. C'est un soulagement que je ne puis refuser à ma douleur, & que je prie le Lecteur de m'accorder quelquefois dans cet ouvrage. Personne n'est plus persuadé que moi de la réalité d'un premier crime qui a rendu tous les hommes coupables, foibles & malheureux. C'est le fondement du Christianisme, & je ne vois rien de mieux établi. Mais si par un effet de ce premier crime toutes nos passions sont de nous, & ont leur source dans nôtre propre cœur, pourquoi ne sommes-nous pas portez également vers tout ce qui en peut être l'objet? J'explique ma pensée. Pourquoi, par exemple, tandis que le penchant général que nous avons pour les femmes n'a qu'un certain degré de force, une passion particuliere dont nous sommes atteints tout d'un coup, en a-t-elle quelquefois infiniment davantage? Il me semble qu'un sentiment d'amour qui naît avant la réflexion, ne sauroit avoir plus d'étenduë que ce qu'on appelle communément la concupiscence. Or la concupiscence à l'égard des femmes n'est que ce penchant général que nous avons pour elles. Je voudrois conclurre de là, que les passions extraordinaires, telle qu'a été celle de mon pere, ont quelqu'autre principe, qui se joint au déreglement causé par le péché d'origine. La Providence les permet pour des

des fins qui ne nous ſont pas toujours connuës, mais qui ſont toujours ſans doute dignes d'elle. Cette penſée n'a rien d'offenſant pour la ſainteté de Dieu : car enfin l'amour ne nous rend point criminels, lorſque l'objet eſt légitime, & qu'il ne fait point négliger ce que nous devons au Créateur. Il ſuivroit ſeulement de l'opinion que je propoſe, qu'au lieu de maltraiter un fils qui ſe trouve atteint tout d'un coup d'une paſſion exceſſive, & de le vouloir guérir par la rigueur, un pere devroit recourir à des remedes plus doux, pour éviter les ſuites funeſtes que la violence produit preſque toujours.

Mon pere eût été trop heureux, ſi le ſien eût été capable de cette réflexion. Mais l'ambition ne lui permit point de la faire ſi tôt ; & l'on verra qu'il étoit trop tard lorſqu'il la fit. Le Chevalier s'apperçut bientôt de ce que le Marquis avoit dans le cœur, par l'aſſiduité de ſes viſites, & par mille manieres tendres, qui trahiſſent toujours les amans. Il ſe trouva d'abord dans un grand embarras. Il avoit assez d'expérience pour juger que la passion du jeune homme étoit extrême, & il y trouvoit son compte pour l'intérêt de sa fille; mais il étoit généreux, & l'honneur ne lui permettoit pas d'abuser de la foiblesse du fils de son bienfaiteur. Le parti qu'il prit, fut de s'en ouvrir à mon grand-pere, & de lui demander de quelle maniere il vouloit qu'il se conduisît. Il en reçut une réponse honnête, & telle que la méritoit son desintéressement. Mais la premiere chose que fit le Comte, fut de faire appeller son fils, & de lui demander à quoi il pensoit de s'amuser à faire l'amour dans un village, lorsqu'il ne devoit penser qu'à se distinguer dans le monde, & à commencer l'ouvrage de sa fortune. Le Marquis, sans rien déguiser, lui fit l'aveu de son attachement, mais il l'assura que l'amour qu'il avoit pour la gloire, n'en souffriroit rien, & qu'il espéroit en donner des preuves, s'il vouloit lui procurer de l'emploi pour la premiere campagne. Cette réponse ne satisfit point le Comte, il voulut absolument qu'en attendant l'ouverture de la campagne, le Marquis retournât à Paris. Son dessein étoit de l'éloigner de sa maitresse. Cet ordre parut dur au jeune amant, il ne put s'empêcher de témoigner sa répugnance à obéir. Je vois bien ce qui t'arrête, lui dit mon grand pere, qui étoit fort absolu, & même un peu emporté; ce n'est pas moi, c'est ta maitresse: mais tu te flates, si tu crois que j'approuverai ta folle amour, & que je souffrirai que tu l'entretiennes sous mes yeux: en un mot, je te laisse deux partis à prendre, & n'attens pas que je puisse changer; choisis de partir dans deux jours, ou de ne plus voir la fille du Chevalier.

Un coup de foudre auroit moins abbatu le pauvre Marquis: le respect qu'il avoit pour son pere l'arrêta quelques momens; mais sa passion étoit trop forte pour céder. Il fit part de sa douleur à son amante; & il la trouva aussi affligée que lui. Le Chevalier, à qui mon grandpere avoit laissé voir qu'il n'approuvoit pas cette passion, avoit déjà fait défense à sa fille, de marquer le moindre retour pour la tendresse du Marquis. Les deux amans se vengerent de cette conduite qui leur parut une injustice, par des sermens réïtérez de s'aimer toujours. Cependant le Comte fit réflexion que malgré l'autorité paternelle, il auroit peut être peine à se faire obéir de son fils. Pour se délivrer de cette inquiétude, il résolut de marier la fille du Chevalier, & de lui faire assez de bien pour lui procurer un parti avantageux. Il proposa la chose au Chevalier, qui y consentit avec reconnoissance. Il ne fut pas difficile de lui trouver un époux. Les conditions du mariage furent acceptées en peu de tems, & le jour marqué pour la cérémonie. Quel fut le desespoir du Marquis à cette funeste nouvelle! Il ne pouvoit être égalé que par celui de sa maîtresse. Ils se virent pour déplorer leur sort, & se trouvant l'un & l'autre plus aimables que jamais, ils firent de nouveaux sermens de s'être toûjours fideles. Cependant quel moien

moien d'éviter le malheur qui les menaçoit! Ils crurent qu'il ne leur en restoit plus d'autre que la fuite; & ils s'y résolurent, dans le dessein de se lier par les nœuds du Sacrement, lorsqu'ils seroient en sûreté. Dès le même jour, mon pere affecta une grande tranquilité, pour réussir mieux dans les mesures qu'il vouloit prendre. Il emprunta secretement des sommes considérables de ses amis & de quelques fermiers; s'ouvrit de tout à son valet de chambre, qui étoit un garçon fidele & de bon sens; il lui donna ordre de faire secrétement les apprêts nécéssaires. Enfin lorsque tout fut disposé pour son départ, il se mit dans sa chaise, comme s'il eût eu dessein d'aller voir un ami, & il se rendit le soir chez sa maîtresse qui l'attendoit, comme ils en étoient convenus, & qui s'abandonna à sa conduite pour se sauver ensemble à la faveur de la nuit, & sous les auspices de l'amour.

Ils prirent le chemin de la frontiere qui n'est éloignée que de quelques lieues; de sorte qu'ils se trouveverent hors du Roiaume, lorsque le jour vint les éclairer. Dans un païs qui n'est point sujet aux Loix Françoises, ils se firent marier sans peine par le Curé du premier village où ils s'arrêterent. Ils commencerent alors à vivre en époux : mais comme il importoit au Marquis de ne pas demeurer long-tems dans un lieu où il pouvoit être reconnu, ils allerent droit à N... grande ville & bien peuplée, dans l'esperance d'y vivre avec plus de liberté. Ils changerent de nom en arrivant, & se firent appeller Monsieur & Madame de Montjeu. Après avoir passé quelques jours dans une hôtellerie, ils louerent un appartement meublé chez un riche négociant qui avoit encore plus de probité que de richesses, & dont l'amitié fut dans la suite très-avantageuse à mon pere. Ce fut là qu'ils commencerent à goûter les douceurs d'un amour tranquile; & loin que l'habitude de se voir ait jamais pû le diminuer, il ne fit qu'augmenter sans cesse jusqu'à la fin de leur vie. Ma naissance en fut le premier fruit. Je vins au monde le... Avril 16... J'y fis mon entrée d'une maniere plaisante, & qui mérite d'être rapportée. Ma mere fut saisie si subitement de ses premieres douleurs, qu'on n'eut point le tems de faire venir l'Accoucheuse. Sa femme de chambre & la Brie le fidele valet de mon pere en firent l'office; mon pere lui-même fut obligé d'y prêter quelques secours; & grace à leur adresse, ma mere ni moi n'en ressentîmes aucun accident fâcheux. Je fus adoré dans notre petite famille. Mon pere m'appelloit l'enfant de son amour. Il ne pouvoit me perdre un moment de vûe sans inquiétude; & lorsqu'il étoit à la maison, ses yeux étoient presque toujours attachez sur son épouse & sur son fils. Quelques mois avant que je fusse né, il avoit envoié la Brie en France pour s'informer secrettement de l'effet que sa fuite avoit produit, & de la disposition où mon grand pere étoit à son égard. La Brie étoit revenu avec les nouvelles les plus affligeantes. Mon grand-pere, qui avoit toujours été d'une humeur fort vive, & que son

ſon grand âge ne rendoit pas plus moderé, avoit donné des marques furieuſes de colere à la premiere nouvelle du départ & de l'enlévement: lorſqu'il fut las de ces témoignages extérieurs d'emportement & de fureur, le reſſentiment de ſon cœur n'en fut pas moindre. Deſeſpéré de voir tous les projets qu'ils avoit formez pour la grandeur de ſa maiſon, & auſquels il avoit tout rapporté depuis ſon mariage, s'en aller en fumée par la mauvaiſe conduite de ſon fils, il entra dans une rage qui ne peut être exprimée; & il proteſta à ſes amis, qu'il ſouhaitoit pour mourir content, de pouvoir tuer ce fils ingrat de ſa propre main. La premiere marque qu'il lui donna de ſa haine, fut de le deshériter par un Acte autentique. Enſuite pour le mieux punir, il penſa à ſe remarier, & il jetta les yeux ſur une fille aſſez jolie, qui n'avoit guere plus de dix-huit ans. Il en eut deux enfans, malgré ſon grand âge. Ces triſtes nouvelles chagrinerent extrémement mon pere. Car bien qu'il ſe fût aſſez atten-

du

du que la colere du Comte ne manqueroit pas d'abord d'éclater, il ne s'étoit pas imaginé qu'il en pût jamais venir à de telles extrémitez, & il avoit toujours fait fonds ſur le retour de ſa tendreſſe, après que ſes premiers tranſports ſeroient calmez; de ſorte qu'il ne pouvoit penſer, ſans une extrême douleur, qu'il étoit l'objet de toute la haine, & peut-être de la malédiction de celui dont il tenoit la vie. Mille idées effraiantes venoient avec cela l'aſſiéger du côté de l'avenir. Il conſidéroit quel alloit être le ſort de ſon épouſe, de ſon fils, & peut-être de pluſieurs autres enfans, qu'il n'étoit point en état d'entretenir ſelon leur condition. Il n'avoit lui même que vingt ans. Où trouver des reſſources contre les néceſſitez d'une longue vie? Ces cruelles inquiétudes l'agitoient ſi vivement, qu'il n'étoit pas toujours le maître de les tenir renfermées dans ſon cœur, & qu'il en paroiſſoit malgré lui quelque choſe ſur ſon viſage. Lorſque ma mere s'appercevoit de ſon trouble, il s'efforçoit de prendre un air plus tran-

tranquile, de peur qu'elle ne vînt à partager ses peines, si elle en eût connu la cause; & il lui reprochoit tendrement de s'allarmer mal-à-propos. Mais il n'eut point tant de réserve avec un intime ami qu'il s'étoit fait depuis son séjour à N... C'étoit le négociant, chez lequel j'ai dit que nous étions logez. Il s'appelloit Monsieur Puget, & mon pere se tenoit fort assuré de sa droiture & de sa discrétion. Un jour qu'ils étoient ensemble à la promenade, & que cet honnête homme lui eut demandé le sujet de cette profonde tristesse où il le voioit souvent; il lui raconta avec ouverture de cœur toute son avanture, sans prendre d'autre précaution que de lui cacher son nom & le lieu de sa naissance. Il ne lui déguisa pas même l'embarras où il apprehendoit de tomber, par rapport à sa petite famille, ni tout ce qu'il envisageoit de triste du côté de l'avenir. Ce discours attendrit Monsieur Puget qui avoit le cœur excellent. Il fit des reproches à mon pere, de ce qu'il ne l'avoit pas jugé plu-

plutôt digne de ſa confiance; il témoigna prendre un interêt ſincere à ſon infortune, & il finit en l'aſſurant qu'il vouloit partager avec lui ſes richeſſes qui paſſoient pour être immenſes. Je ne ſuis point marié, ajoûta-t-il, vous me tiendrez lieu d'un enfant chéri. J'ai aſſez d'années pour être votre pere, & je m'eſtimerai très heureux, ſi vous me permettez de vous regarder deſormais comme mon fils.

Surpris d'une généroſité ſi peu ordinaire, mon pere fut quelque tems à chercher ſa réponſe. Enfin il reprit la parole, pour exprimer ſa reconnoiſſance à un ami d'une trempe ſi rare. Il lui dit que ſon deſſein, en lui expoſant l'état de ſa fortune, n'avoit point été de s'attirer une marque ſi peu attenduë d'affection; que s'il lui demandoit quelque choſe, c'étoit ſeulement de la tendreſſe, & un peu de compaſſion pour ſes peines. Qu'au reſte en ſe ménageant comme il faiſoit depuis ſon arrivée, il comptoit d'être encore en état pendant quelques années de ne pas craindre la miſere, parce qu'il avoit

eu

eu la précaution de recueillir quelque argent avant son départ : qu'il espéroit que durant ce tems là le Ciel lui feroit naître l'occasion de s'emploier à quelque chose, soit à la guerre où sa naissance & son courage lui pourroient attirer quelque distinction, soit dans quelqu'autre rencontre qu'il ne prévoioit point, mais qu'il osoit tout espérer de la bonté du souverain Maître qui n'abandonne jamais l'innocence malheureuse. Je vois bien, repartit Monsieur Puget, que vous ne me jugez pas digne de l'honneur que je vous priois de me faire: Je ne m'en plains point, pourvû que vous soiez persuadé que mes offres venoient d'estime & d'amitié. Voici une autre maniére de vous rendre service, que vous goûterez peut-être davantage. Je fais un trafic considérable, qui m'a rendu riche en peu d'années : il faut que vous preniez part à mon commerce. Ne croiez pas que je veuille faire de vous un marchand. Vous me confierez une partie de votre argent, & vous vous reposerez sur moi du soin de le faire valoir. Une offre de cette nature ne pouvoit être refusée: mon pere l'accepta. Il mit entre les mains de Monsieur Puget deux mille écus, qui étoient à peu près le tiers de l'argent qui lui restoit. Son bonheur, ou pour mieux dire, le zele de son généreux ami fut tel, que dès la premiere année ces deux mille écus lui en valurent quatre autres mille. Il retira alors les six mille livres, & laissa dans le commerce les douze cens pistoles qu'il avoit gagnées. Elles multiplierent de telle sorte par les soins de M. Puget, qu'un si prompt accroissement ne me parut pas vraisemblable lorsque je fus en âge d'en prendre connoissance; & j'ai cru jusqu'aujourd'hui, quoique cet illustre négociant nous ait toujours protesté le contraire, qu'il y mettoit du sien lorsqu'il apportoit à mon pere des sommes si considérables.

Ce changement dans notre fortune, nous en fit mettre aussi dans notre maniere de vivre. Le nombre de nos domestiques fut augmenté, & notre table servie avec plus d'ordre & d'abondance; pour moi qui

qui commençois à ſortir de l'enfance, on me donna un laquais qui eut ordre de me ſuivre en tous lieux. Mon pere & ma mere étendirent leurs connoiſſances dans la ville, & furent reçûs avec agrément chez tout ce qu'il y avoit de perſonnes de distinction. Ce n'eſt pas qu'ils ne fuſſent déja aſſez connus : car, ſoit qu'il fût échappé quelque indiſcrétion à M. Puget ou à la Brie, ſoit que leur figure & certain air que les perſonnes de condition ne ſauroient déguiſer, les eût trahis, ils paſſoient publiquement dans la ville pour deux jeunes amans d'une naiſſance illuſtre, qui avoient été forcez de quitter le Roiaume par quelque avanture amoureuſe. Cette idée qu'on avoit d'eux, ne leur fut pas deſavantageuſe ; elle avoit déjà attiré la compaſſion de tout le monde, lorſqu'une connoiſſance plus particuliere de leur mérite leur en attira l'eſtime. Nous paſſions donc la vie aſſez agréablement : mais nous ne trouvions nulle part plus de plaiſir que dans notre propre maiſon. Mon pere avoit une tendreſſe & des complaiplaisances pour ma mere, qui augmentoient tous les jours. Pour moi, j'avois la compagnie de ma sœur, que j'aimois à l'adoration. Elle étoit née un an après moi; de sorte que nous étions à peu près de la même grandeur & de la même portée de raison. Il n'y eut peut-être jamais plus d'amitié si tendre & si parfaite, que la nôtre. Je puis dire aussi que nous avions tous deux quelque chose d'aimable, & toute la ville en jugeoit comme nous. Ce n'est pas blesser la modestie que de me représenter à mon Lecteur sous une figure avantageuse, puisque je parle d'un tems qui est passé. Nous faisions ma chere sœur & moi l'admiration de tous ceux qui nous connoissoient. J'ai encore le portrait de mon aimable Julie si bien gravé dans le cœur, depuis plus de trente ans que je l'ai perdue, que je tracerois ici sans peine les charmes de son visage, de sa taille & de son esprit, si ces sortes de descriptions ne convenoient plus à un Roman, qu'à une histoire serieuse.

On nous élevoit avec un soin &

des attentions incroiables. Mon pere s'appliquoit lui-même à nous former les manieres & les sentimens, tandis que les meilleurs maîtres nous apprenoient la Danse, la Musique, & l'Histoire. J'allois en classe chez les Peres Jesuites; mais il ne se reposoit pas tellement sur eux de mon instruction, qu'il ne veillât de tems en tems sur mon travail. Il prenoit plaisir à me faire lire en sa presence les Epîtres & les Satyres d'Horace, & les Ouvrages philosophiques de Ciceron. C'étoient les Auteurs de l'Antiquité, pour lesquels il avoit le plus d'estime & de goût. Il m'en faisoit remarquer les beautéz, & il étendoit leurs pensées par ses réfléxions, pour me les imprimer mieux dans l'esprit. Je profitai si bien de ses lecons, que je l'emportai sur tous mes condisciples pendant les cinq ans d'Humanité. Quand je fus arrivé à la Philosophie, il se chargea du soin de m'enseigner cette partie qu'on nomme la Morale. Il le fit, non pas de cette maniere seche & sterile, dont on le fait dans les écoles; mais en me mettant

tant devant les yeux tout ce que la raiſon éclairée des lumieres du Chriſtianiſme fournit de plus propre à former les mœurs, & à nous rendre veritablement ſages & heureux. Il voulut que ma ſœur fût preſente à toutes les leçons qu'il me donna ſur cette importante matiere, afin qu'elle en pût tirer le même fruit que moi. Elle ne ſe fit pas preſſer, parce qu'elle aimoit naturellement tout ce qui peut ſervir à éclairer & à polir l'eſprit. Apres la Philoſophie, je fis une année de Mathematique, & je finis par là le cours de mes études.

J'étois alors dans ma dix-ſeptiéme année, & Julie dans ſa ſeiziéme. C'étoit l'âge où mon pere attendoit impatiemment que nous fuſſions arrivez, pour executer un deſſein qu'il meditoit depuis longtems. Quoiqu'il parût aſſez tranquile, depuis que le zele de M. Puget l'avoit mis en état de vivre ſuivant ſa condition, il étoit dévoré dans le fond de l'ame par un chagrin ſecret qui ne lui laiſſoit point de repos. Le ſouvenir d'un pere irrité lui revenoit ſans ceſſe à l'eſprit ; & il ne pouvoit ſoûtenir cette affligeante idée. Il n'avoit pas manqué d'envoier la Brie en France tous les ſix mois, pour s'aſſurer que mon grand-pere étoit encore en vie, & ſe conſerver ainſi l'eſpérance de rentrer quelque jour dans ſes bonnes graces. Il avoit eu cent fois la penſée de lui écrire, ou de s'aller jetter à ſes pieds ; mais la connoiſſance qu'il avoit de ſon humeur inflexible, & les terribles excès où le Comte s'étoit porté contre lui, l'avoient toujours retenu, dans la crainte de l'aigrir peut être encore plus par ſa préſence ou par ſes lettres. Lorſqu'il ſe vit deux enfans, & qu'à meſure que nous avancions en âge, il crut découvrir en nous quelques bonnes qualitez, il reſolut de nous emploier ma ſœur & moi à ſa réconciliation. J'étois à dix ſept ans d'une taille aſſez avantageuſe : ma ſœur étoit, comme j'ai déja dit, d'une figure à s'attirer tous les regards ; il nous crut donc en état d'entrer dans ſes deſſeins ; & il nous prit un jour

en

en particulier pour nous en faire l'ouverture.

Il commença par nous apprendre notre naiſſance, & le véritable nom de notre maiſon, que nous avions toujours ignoré. Nous en eumes une joie extrême; car l'ignorance où l'on nous tenoit là-deſſus, nous avoit toujours affligez, & quoique la curioſité nous eut porté pluſieurs fois à en demander quelque choſe à mon pere, le reſpect nous avoit toujours retenus. Enſuite il nous raconta l'hiſtoire de ſon amour, de ſa ſuite & de ſon mariage; la colere du Comte ſon pere, les ſuites qu'elle avoit eues; & tout ce que j'ai rapporté juſqu'ici dans ces Memoires. Il nous communiqua le deſſein qu'il avoit de nous envoier en France, pour travailler à remettre la paix dans la famille. Enfin il nous demanda ſi nous n'entreprendrions pas volontiers ce voiage, dont le ſuccès nous devoit être auſſi avantageux qu'à lui.

Je répondis qu'aiant un empire abſolu ſur nous, il ne devoit point douter de notre obéiſſance, ſurtout pour une entreprise de cette nature, où notre inclination nous porteroit encore plus que ses commandemens. Ma sœur lui fit à peu près la même réponse. C'est assez, reprit-il, en nous embrassant tendrement, je ne me défiois point de votre bon naturel. Vous partirez donc incessamment ; je vais faire part à votre mere de notre resolution, & donner ordre qu'on prépare ce qui est nécessaire pour votre départ. Il nous quitta, & nous demeurâmes Julie & moi fort satisfaits de tout ce que nous venions d'entendre. Ma mere ne le fut pas tant, lorsqu'elle eut appris notre projet. La tendresse infinie qu'elle avoit pour nous, lui faisoit tout craindre d'un voiage qui alloit nous séparer d'elle. Tout ce que nous pûmes lui dire pour la rassurer, ne diminua point ses craintes ; elle trembloit, comme si elle eût prévû une partie du cruel malheur qui devoit nous arriver. Nous ne laissâmes point de partir quelques jours aprés. Mon pere me donna la Brie, en qui il avoit une entiere confiance ; & je je pris avec lui Scoti qui me servoit depuis plusieurs années. Ma mere donna sa femme de chambre à ma sœur, nous nous mîmes dans une berline à quatre chevaux, la femme de chambre avec nous. La Brie & Scoti étoient à cheval.

Nous fîmes la route heureusement, & nous arrivâmes à la belle terre de mon grand pere, après cinq jours de marche. Nous étions convenus ma sœur & moi de la maniere dont nous nous y prendrions pour l'aborder, & pour découvrir ses sentimens avant que de lui faire connoître qui nous étions. Nous ne jugeâmes point à propos d'aller descendre au château : nous nous arrêtâmes dans une hôtellerie, d'où j'envoiai Scoti pour savoir si Monsieur le Comte pouvoit recevoir la visite de deux jeunes personnes de qualité, qui passoient par ses terres. On lui fit une réponse civile. Nous nous rendîmes aussitôt au château. L'on nous introduisit dans une salle basse, où nous trouvâmes M. le Comte seul. Je fus frappé d'abord de la ressemblance, que je crus remarquer entre ſes traits & ceux de mon pere. Quoiqu'il n'eut guéres moins de ſoixante & dix ans, il étoit encore frais, droit & vigoureux. Nous lui fimes une reverence fort baſſe, & je lui dis que l'honneur que nous avions ma ſœur & moi d'être connus particuliérement d'une perſonne qui le touchoit de fort près, nous procuroit celui de lui préſenter nos civilitez reſpectueuſes ; que devant faire le voiage de France, & aiant offert nos ſervices à M. le Marquis de N... il nous avoit chargé de.... Que me dites-vous, Monſieur, s'écria t-il en m'interrompant, mon fils vit il encore ? Eſt-il poſſible qu'il vive, & que depuis dixhuit ans il ne m'ait pas donné la moindre marque qu'il ſe ſouvienne de moi ? Ah le fils dénaturel ! Me ſuis je trompé dans l'opinion que j'ai toujours eue de lui ? Et n'ai je pas fait encore trop peu pour punir un tel monſtre ? Si vous voulez m'obliger, Monſieur, continua t-il, vous ne me parlerez pas davantage de ce fils ingrat : je l'abandonne à ſa mauvaiſe deſtinée :

ce

ce qui n'empêche point que je ne vous voie chez moi vous & Mademoiselle votre sœur, avec beaucoup de satisfaction, & que je ne sois très-sensible à l'honneur que vous me faites.

Je ne m'étois pas attendu, Monsieur, repris-je en affectant de l'étonnement, que la commission dont je me suis chargé vous dût être desagréable. C'en sera une bien fâcheuse pour moi, que de rapporter à Monsieur vôtre fils ce que je viens d'entendre de vôtre bouche, brûlant, comme je l'ai vû, de se remettre dans vos bonnes graces, il mourra de douleur lorsque cette espérance lui sera ôtée; ou si le ciel lui conserve la vie, ce sera pour en traîner une bien languissante, & bien malheureuse. Cependant, Monsieur, j'ose dire que Monsieur votre fils méritoit un autre sort. Il est inconcevable qu'avec tant de mérite & l'honneur d'être né de vous, il puisse lui manquer quelque chose pour être heureux. C'est un exemple étrange de la bizarrerie de la fortune; mais il n'est pas croiable que cela puiſſe durer. Pour moi, ſur ce que je commence à voir aujourd'hui de vos manieres généreuſes & pleines de bonté, je ſuis perſuadé, Monſieur, que la douleur & le reſpect de Monſieur le Marquis vous toucheront à la fin, & que vous ne vous reſoudrez jamais à laiſſer périr du regret de vous avoir offenſé, un fils ſi aimable & ſi vertueux. Je vois bien, Monſieur, reprit-il, qu'il vous a impoſé par une fauſſe apparence de vertu : mais ſachez que la premiere & la plus eſſentielle eſt de rendre ce qu'on doit aux perſonnes de qui l'on tient la naiſſance. Rien ne peut diſpenſer d'un ſi juſte devoir. Un fils ingrat ne ſauroit être qu'un malhonnête homme. Jugez donc du mien, non par quelques qualitez ſuperficielles qui peuvent éblouir, mais par l'indigne conduite qu'il continue de tenir à mon égard, après m'avoir cauſé par ſa fuite le plus mortel chagrin qu'un pere puiſſe recevoir.

Je craignis de l'aigrir, en lui repliquant d'une maniere qui ſentît la contestation. Mon entreprise alloit bien jusques là; car il paroissoit assez par le discours que je viens de rapporter, que ce n'étoit plus tant la fuite de mon pere, qui lui tenoit au cœur, que son silence obstiné, qu'il regardoit comme l'effet d'un mauvais naturel, & comme une marque de mépris pour sa personne. Je fis cette réfléxion sur le champ, & je trouvai que c'étoit déja beaucoup que sa colere eût changé d'objet. Il m'étoit facile de lui faire perdre cette derniere idée, en lui exposant, selon la vérité, les sentimens de mon pere. C'est ce que je crus devoir faire sans attendre davantage. Je commencai donc une peinture vive & touchante de la triste situation du Marquis, depuis qu'il avoit eu le malheur de tomber dans sa disgrace. J'exprimai ses agitations, ses inquiétudes, le changement de son humeur, & celui même de sa santé qui s'affoiblissoit tous les jours. J'appuiai beaucoup sur le soin qu'il avoit eu d'envoier plus d'une fois tous les ans un de ses domestiques en France, ce, ſans autre interêt que celui qu'un amour vraiment filial lui faiſoit prendre à la conſervation de ſon pere. J'ajoûtai que cet amour & ce reſpect alloit ſi loin, que l'exheredation même ne l'avoit point altéré: qu'à la vérité il avoit eu des raiſons de n'être pas ſi ſenſible à ce ſujet de peine, parce que la fortune l'avoit aſſez favoriſé, pour l'empêcher de craindre la miſere; mais qu'il n'en étoit que plus eſtimable d'avoir ſû conſerver de pareils ſentimens pour un pere, dont il ſe voioit maltraité, & duquel il pouvoit néanmoins ſe paſſer aiſément. Qu'au reſte ſa douleur étoit devenue celle de toute ſa famille; qu'il l'avoit communiquée à ſon épouſe & à ſes enfans, & que rien n'étoit plus triſte que de les entendre accuſer la fortune, & ſe plaindre enſemble du malheur qu'ils avoient de ne pouvoir paſſer leurs jours auprès de leur pere commun, dont la préſence feroit toute leur joie & tout leur bonheur.

Le vieillard m'interrompit encore en cet endroit, & il me dit d'un air

air qui me fit lire dans ses yeux l'agitation de son ame : Il a donc des enfans ? Je me jettai à ses genoux sans tarder plus long-tems ; ma sœur fit la même chose : Vous les voiez à vos pieds, lui dis-je, ces enfans affligez de la douleur de leur pere, & pleins de leur propre douleur. Nous sommes tous deux de votre sang ; accordez nous la grace de notre pere & de votre fils. Julie ne pouvoit retenir ses larmes, & je me trouvai le cœur si serré, que je ne pus m'empêcher d'en répandre aussi. Il n'y point de paroles qui puissent exprimer tout ce qui se passa dans ce tendre moment. Nous nous levâmes pour nous jetter au cou du vieillard, qui paroissoit comme immobile de surprise & de saisissement Ah ! mes enfans s'écria-t-il en nous embrassant tous deux avec une tendresse admirable, je n'ai jamais senti comme aujourd'hui ce que c'est que la nature. Ah ! que vous m'allez être chers ! Mais vous m'avez causé trop de joie tout d'un coup, & je crains bien de ne la pouvoir soûtenir. En disant cela, un ruisseau de larmes couloit le long de ses joues; & ma sœur & moi nous n'en répandions pas moins. Nous nous assimes tous deux auprès de lui: il nous prit à chacun une de nos mains qu'il tenoit serrées dans les siennes, & il voulut que nous lui fissions le récit de tout ce qui étoit arrivé à mon pere depuis leur funeste division. Je priai Julie qui n'avoit point encore parlé, de lui donner cette satisfaction : elle le fit avec une grace merveilleuse. Nous saluâmes ensuite la belle-mere de mon pere, qui étoit une Dame de fort bonne mine: mais je découvris aisément par ses manieres contraintes, qu'elle ne nous voioit pas de bon œil, quoiqu'elle affectât de nous faire mille caresses pour ne pas déplaire à mon grand-pere. Elle nous fit venir ses deux fils qui nous parurent fort bien élevez. Le cadet surtout avoit déja bien du mérite pour son âge, qui n'étoit que d'onze ou douze ans. Cet enfant par un effet de simpathie naturelle, prit tant d'amitié pour moi, qu'il ne pou-

pouvoit me quitter un moment. J'en concus auſſi beaucoup pour lui; l'on verra dans la ſuite de cette hiſtoire combien ſon affection me devint avantageuſe.

Cependant le chateau retentiſſoit de cris de joie & d'étonnement; les païſans du bourg ſe joignirent aux domeſtiques pour nous donner des témoignages de leur zele. Ils allumerent des feux, & tirerent quantité de coups qui ſe firent entendre pendant toute la nuit. Notre deſſein étoit d'aller voir dès le lendemain Monſieur le Chevalier .... qui étoit notre grand-pere maternel; mais la nouvelle de notre arrivée étant allée le ſoir même juſqu'à lui, il ne put réſiſter à l'impatience qu'il eut de nous voir. Nous fûmes ſurpris lorſqu'on vint avertir pendant le ſouper, qu'il entroit dans la cour du château. Nous nous levâmes pour aller au devant de lui; & cette ſcene fut encore des plus touchantes. Il ſe mit à table avec nous. Les deux vieillards ne ſe laſſoient point de nous regarder, & de nous faire entrer dans toutes ſortes de détails

par

par rapport à mon pere & à ma mere. Nous les ſatisfaiſions ſur toutes les queſtions qu'ils nous faiſoient, & nous leur donnions ma ſœur & moi des marques de reſpect & de tendreſſe, dont ils étoient charmez.

Nous nous retirâmes aſſez tard. Il n'y a perſonne qui ne juge qu'après une journée paſſée ſi heureuſement, & étant d'ailleurs un peu fatigué du voiage, je ne dûſſe dormir toute la nuit d'un profond ſommeil. Je me mis au lit avec cette eſpérance; mais, juſtes Cieux! dans quel état me trouvai-je bientôt! Tout ce qu'il y eut jamais de ſonges affreux & funeſtes ſe préſenterent à mon imagination. Je vis une foule de ſpectres qui m'environnoient. La terre ſur laquelle je marchois, étoit couverte de corps morts, & à demi pourris. J'entendis des cris perçans & lugubres, qui me pénétroient d'horreur & de ſaiſiſſement. Je jettois les yeux de tous côtez; mais il ne ſe préſentoit rien qui pût me raſſurer. J'entrai dans une forêt fort ſombre, que j'apperçus devant moi

tout

tout d'un coup : à peine eus-je fait les premiers pas, que mes pieds devinrent immobiles ; mes habits se changerent en écorce, mes mains en branches ; en un mot je me vis transformé en un grand arbre. Je trouvai d'abord quelque consolation dans un sort si bizarre, parce qu'il me sembloit que cette métamorphose me déroberoit aux terribles fantômes qui m'avoient causé tant de fraieur ; mais un moment après je les vis venir plus affreux que jamais. Ils m'eurent bientôt démêlé parmi les autres arbres, il y en eut un qui monta sur mes branches pour les couper avec un fer tranchant ; mes prieres ni mes larmes ne purent l'attendrir, il me donna plusieurs coups dont il m'abbatit autant de branches : mon sang couloit à grands flots, & je ressentois des douleurs inexprimables. Pendant que je souffrois ce cruel martire, & que la forêt retentissoit de mes cris, il me sembla que je voiois Julie toute éplorée, qui accouroit à mon secours ; mais les spectres ne l'eurent pas plutôt apperçûe, qu'ils me quitterent,

pour

BnF ARS

pour aller vers elle, comme s'ils eûssent eu dessein de s'en saisir. Ce fut alors que ne me possedant plus, je m'agitai si furieusement, que je tombai de mon lit avec assez de violence. Cette chûte me réveilla, & j'eus beaucoup de joie en reconnoissant que tout ce qui venoit de m'arriver, n'étoit qu'un songe.

Scoti qui étoit couché dans un cabinet, dont la porte communiquoit à ma chambre, accourut au bruit que je fis en tombant. Il fut tout effraié de me trouver à terre, mouillé de sueur, & le visage enflammé. Je lui fis allumer du feu, & je m'assis avec ma robe de chambre. Cependant l'affection extrême que j'avois pour ma sœur, me fit craindre qu'il ne lui fût arrivé peut-être quelque malheur, dont le Ciel eût voulu m'avertir pendant mon sommeil. Je courus vîte à son appartement, qui n'étoit pas éloigné du mien. Elle s'éveilla au bruit que je fis en ouvrant sa porte ; & m'aiant apperçu, elle me demanda comment je me portois, & pourquoi je m'étois levé si matin. Ah ! ma chere sœur,

sœur, lui dis-je, vous portez-vous bien vous même? Que vous m'avez causé d'allarmes pendant cette nuit! & que j'ai de joie de vous voir tranquille & en sureté dans votre lit! Elle voulut savoir ce qui me faisoit parler de la sorte. Je lui racontai mon rêve, dont nous ne fimes que rire, lorsqu'elle m'eut assuré qu'elle avoit bien passé la nuit, qu'elle n'avoit pas vû de spectres qui eussent couru après elle. Je ne me remis point au lit, quoiqu'il fût tout au plus trois heures du matin. Je m'occupai à écrire une longue lettre au Marquis mon pere, par laquelle je lui apprenois l'heureux succès de notre voiage, & je le pressois de se rendre incessamment auprès du vieux Comte, qui n'avoit point de plus forte envie que de le revoir. Je chargeai la Brie de ma lettre, & je le fis partir en poste dès qu'il fût jour, afin qu'il pût confirmer de bouche ces agréables nouvelles.

J'allois ensuite rendre mes devoirs au Comte & au Chevalier mes deux grands-peres. Je trouvai le premier avec un grand mal de côté, qui l'avoit

l'avoit tourmenté pendant toute la nuit. Il se fit saigner, & il prit quelques remedes, qui n'empêcherent point que la fievre ne le saisit après-midi. Elle fut nèanmoins si legere pendant les huit premiers jours, qu'elle n'étoit point capable de nous allarmer ; mais elle augmenta tout d'un coup si violemment, que le vieillard s'appercut bien lui-même qu'il lui restoit peu de tems à vivre. La premiere chose à laquelle il fit attention, fut à revoquer dans toutes les formes l'acte par lequel il avoit exclu mon pere de sa succession & à le déclarer son héritier. Il fit venir ensuite son Chapelain, auquel il fit sa confession, & reçut de lui les Sacremens de l'Eglise, Comme je ne le quittois pas d'un moment, il me parloit de tems en tems avec beaucoup de tendresse, & il me marquoit sur tout un extrême regret de s'être privé si longtems de la satisfaction qu'il auroit pû trouver à vivre en bonne intelligence avec le Marquis. Il défendit absolument qu'on l'envoiât chercher pour recevoir ses derniers soupirs;
&

& la raiſon qu'il en apportoit, c'eſt que ſe ſentant trop proche de la mort pour eſpérer que le Marquis pût le trouver en vie à ſon arrivée, il ne vouloit point lui donner la fatigue d'un voiage inutile, ni l'affliger trop en lui apprenant tout d'un coup la perte qu'il alloit faire. Effectivement, il s'affoiblit ſi fort vers le ſoir du neuvieme jour de ſa maladie, qu'il ne put réſiſter à un furieux redoublement qui lui ſurvint pendant la nuit. Il mourut après nous avoir donné ſa bénédiction à Julie & à moi.

Cette perte imprévûë nous affligea ſenſiblement; mais nous étions touchez ſurtout de la douleur que nous ſavions qu'elle causeroit à mon pere. Le même jour, comme nous nous entretenions là deſſus, on m'apporta une lettre de lui, par laquelle il me marquoit que l'unique raiſon qui l'eût empêché de partir, après avoir reçu la mienne, étoit une maladie conſidérable ſurvenue à ma mere depuis notre départ; qu'il avoit appréhendé de la perdre, & qu'elle n'étoit point encocore hors de danger. Cette nouvelle me jetta dans une extrême inquiétude. Je me trouvois partagé entre l'obligation de rendre les derniers devoirs à mon grand-pere qui venoit de mourir, & celle d'aller consoler mon pere, & contribuer de tout mon pouvoir à la guérison de ma mere. J'appris qu'il y avoit deux lettres du Marquis avec celle qui étoit pour moi, l'une pour le feu Comte, & l'autre pour mon grand-pere le Chevalier. J'allai prendre conseil de celui-ci, qui etoit déja instruit de la maladie de sa fille par la lettre qu'il venoit de recevoir. Il prevint la demande que j'allois lui faire: Je vais partir en poste, me dit-il, pour me rendre auprès de ma fille; vous me suivrez si vous voulez dans quelques jours; mais il faut auparavant que vous fassiez les funérailles de Monsieur le Comte. Il partit sur le champ. Nous demeurâmes encore trois jours au château, occupez de l'appareil funebre, & des visites de toute la noblesse du païs

Nous ne fûmes pas plutôt libres, que

que nous nous mîmes dans notre berline, avec une grande impatience de revoir ce que nous avions de plus cher au monde. Nous n'étions plus de cette humeur gaie, ni dans cette disposition à la joie que nous avions apportée en venant. La mort de mon grand-pere qui venoit d'expirer à nos yeux, & la pensée du péril ou se trouvoit ma mere, nous jetterent dans un abbatement dont tous nos entretiens se ressentirent. Julie pensoit d'une maniere fort juste, & s'exprimoit avec une douceur & un agrément infini. Mais tous les efforts que nous fîmes pour surmonter notre melancolie, dans l'espoir de trouver la Marquise en meilleur état à notre arrivée, furent inutiles. La conversation retomboit toujours sur des sujets tristes & affligeans. Nous dîmes les choses les plus touchantes du monde sur la mort, sur le peu de raison qu'on a de compter sur la vie, & sur la vanité de tout ce qu'on appelle les biens & les plaisirs de la terre. Je me souviens que ma chere sœur me disoit: Mais pourquoi

quoi regarder la mort comme une chose si terrible ? Ne devroit-on pas se rendre justice, & considerer qu'étant mortels par nature, il n'y a pas plus de raison de s'affliger de la nécessité de mourir, que de mille autres nécessitez, ausquelles on est assujetti ? C'est notre sort, nous sommes nez à cette condition-là. Pour moi, je suis jeune & d'assez bonne naissance, continua-t-elle; l'on me dit tous les jours que j'ai de l'esprit, & que je suis belle; voilà bien des raisons qui pourroient m'attacher à la vie : avec tout cela, j'ai pour elle une indifférence qui n'est pas croiable. Je consentirois de bon cœur à la perdre aujourd'hui ; ou si j'emportois quelque regret, ce seroit, ajoûta-t-elle en me regardant tendrement, de laisser après moi mon cher frere, à qui je suis bien sûre que ma mort causeroit un peu de douleur. Mon Dieu, ma chere Julie, lui répondis-je d'un air chagrin, parlons tant qu'il vous plaira de la mort en général ; mais n'entrons point dans des applications si tristes & si désolanlantes. Si vous étes persuadée, comme vous devez l'être, que vôtre mort me jetteroit dans un affreux desespoir, & qu'elle seroit sans doute suivie de la mienne, il faut que vous ne m'aimiez guére, pour prendre plaisir à me troubler par des images si funestes. Aimez la vie pour l'amour de moi, si vous ne l'aimez pas pour vous-même. Elle consentit là-dessus à nous entretenir de choses moins sérieuses; mais cela ne duroit guére, & nous en revenions à nôtre triste morale, presque sans nous en appercevoir. Helas! n'étoit ce pas un présage du malheur qui nous menaçoit? Et si le plus cruel de tous les destins ne m'eût pas rendu aveugle au moment de ma perte, n'y aurois-je pas fait assez d'attention pour la prévenir? Mais il étoit arrêté que je serois un jour le plus infortuné de tous les hommes, & je touchois l'instant fatal où mes malheurs devoient commencer.

Les premiers jours de notre voiage se passérent donc fort tristement. Nous mangions peu, quoique nous trouvassions de quoi faire bonne chere dans les hôtelleries qui sont sur la route. J'eus encore pendant ces deux jours mille songes effraians, qui troublerent mon sommeil. Si je parois trop exact à rapporter jusqu'à mes songes, ce n'est pas que j'en veuille conclure qu'ils aient un raport nécessaire avec les choses qui doivent nous arriver; mais l'on me permettra de croire du moins que le Ciel peut s'en servir, pour nous donner une maniere d'avertissement à l'approche de certains malheurs. Quoiqu'il en soit, comme nous avions toujours marché grand train, nous étions déja fort avancez le troisiéme jour, & nous comptions d'arriver le soir chez nous, lorsque nôtre carrosse fut arrêté dans un bois par six hommes masquez & montez sur de bons chevaux. Je ne les apperçus pas d'abord; mais aiant entendu la voix de Scoti qui leur disoit: Eh! Messieurs, à qui en voulez-vous? Je mis la tête à la portiere, & je vis un de ces scélérats qui l'avoit surpris, & qui lui tenoit le pistolet appuié

puié sur la poitrine : deux autres arrêtoient le cocher ; & les trois derniers s'avancerent aussi-tôt vers moi, en criant : Pied à terre, Monsieur, pied à terre. Je n'avois point d'autres armes que mon épée : cependant je ne balançai point à descendre, après avoir recommandé à ma sœur de ne point se montrer. Je leur dis honnêtement ; Est ce mon argent, Messieurs ; que vous demandez ? Je vais vous le donner sans difficulté. Non, répondit l'un d'eux qui paroissoit le plus considéré dans la troupe, on ne vous demande point votre argent, on en a même à vous offrir, si vous en aviez besoin : mais Mademoiselle votre sœur n'est-elle point dans ce carrosse ? En disant cela, il descendit de cheval, & voulut s'approcher de la portiere. Je l'arrêtai par le bras. Que prétendez-vous faire, lui dis-je tout transporté ? vous aurez ma vie, ou vous n'avancerez pas. J'avois l'épée nuë à la main, & je le menaçois de la pointe : mais il me répondit sans s'émouvoir : Monsieur, vous n'y gagnerez rien, songez

gez que la partie n'est pas égale; & là dessus il voulut prendre ma sœur par la main pour la faire descendre. Elle la retira en jettant un grand cri. Pour moi, je perdis le jugement à cette vûe; & ne suivant plus que ma fureur, j'allongeai un grand coup à ce scélérat, qui retira le corps assez promptement pour n'avoir que le bras percé. Un brutal de la troupe voiant son maître blessé, me tira sur le champ un coup de pistolet; mais par le plus étrange de tous les malheurs, au lieu de me tuer, comme il le devoit, ne m'aiant tiré qu'à dix pas, la balle frisa ma tête, perça la berline, & s'en fut atteindre la trop malheureuse Julie deux doigts audessous du sein. Elle s'écria qu'elle étoit blessée, & elle se laissa tomber sur sa femme de chambre. J'oubliai tout autre intérêt que celui de sa vie, je la pris aussi tôt entre mes bras, & je la mis à terre pour chercher sa blessure. Ses cruels assassins voulurent lui donner du secours, elle les répoussa avec horreur; & attachant ses yeux sur les miens, elle

elle me dit d'une voix mourante: Je suis blessée mortellement; je sens que je n'ai plus qu'un moment à vivre, c'est Dieu qui me sauve l'honneur; priez le, mon cher frere, qu'il ait pitié de mon ame; & n'oubliez jamais une sœur qui vous aimoit plus que soi-même. Un instant après elle poussa un grand soûpir, qui fut le dernier de sa vie. Les scélérats qui venoient de la lui arracher, remonterent à cheval dès qu'ils la virent expirée, & se sauverent à toute bride au travers de la forêt. Il y en eut un qui s'écria en s'éloignant: Ah! que je suis malheureux! Il fut entendu de Scoti qui me l'a dit depuis: car pour moi, j'étois hors d'état de rien entendre, étant tombé tout de mon long sans connoissance, lorsque je crus reconnoître que ma sœur ne vivoit plus.

Il est impossible que je décrive ici tout ce qui se passa dans mon ame, & quels furent les excès de ma douleur, lorsqu'étant revenu à moi par le secours de mes gens, j'apperçûs le corps pâle & sanglant

 de

de ma chere ſœur à mes pieds : j'ai eu aſſez de force pour ſoûtenir de ſi cruels déchiremens ſans mourir, mais je n'ai point aſſez d'éloquence pour les exprimer. Je fus quelque tems ſans pouvoir prononcer une parole. Je levois les yeux en tremblant, pour demander juſtice au Ciel qui étoit témoin d'un ſi tragique ſpectacle. Je pris le corps dans mes bras ; & lorſque je pûs ouvrir la bouche, j'appellois Julie par ſon nom, ne pouvant me perſuader que je l'euſſe perduë tout-à-fait. Je lui parlois comme ſi elle eût été en état de m'entendre : mais hélas ! ma chere & trop aimable Julie ne vivoit plus ; ſa belle ame étoit déjà dans le ſein de Dieu : car où ſeroit elle allée avec tant d'innocence & de vertu ?

Cependant Scoti qui m'étoit extrémement affectionné, me ſuplioit avec larmes de remonter dans la berline, pour gagner promptement un gros bourg, qui étoit à deux petites lieues de l'endroit où nous étions. Je remontai, ſans quitter ma ſœur que je tins toujours ſur mes

mes genoux. Lorſque nous fûmes deſcendus dans une hôtellerie du bourg, je la fis deshabiller par ſa femme de chambre, & je la fis coucher dans un lit: car quoique je n'euſſe guére de raiſon de croire qu'elle fût en vie, je me flattois encore néanmoins d'un reſte d'eſpérance, ſur ce que je lui trouvois encore un peu de chaleur. J'envoiai querir ſur le champ le Curé & le Chirurgien du bourg; ils vinrent auſſitôt; mais ce fut pour confirmer mon malheur, en m'aſſurant qu'il n'y avoit plus rien à eſpérer. Le Curé avoit beaucoup de piété & de bon ſens; il fut ſurpris, & même effraié du deſeſpoir où il me vit. Il s'approcha de moi, & me tint d'abord quelques diſcours de conſolation que je n'écoutai point. Il continua pourtant ſans ſe rebuter; mais voiant qu'il perdoit ſes peines, & craignant que le deſordre de ma raiſon n'aboutît à quelque choſe de funeſte, il me prit adroitement par un autre intérêt que le mien. Je ne ſuis pas ſurpris, Monſieur, me dit-il, que vous regrettiez ſi amérement

Mademoiselle votre sœur, je viens d'apprendre qu'elle étoit infiniment aimable; mais si vous l'aimiez d'une sincere affection, comment pouvez vous l'abandonner, lorsqu'elle a le plus de besoin de vous? Croiez vous lui être bon à quelque chose par vos larmes? Elle est devant un Juge, aux yeux duquel tous vos cris & tous vos regrets sont comptez pour rien. Il faut de la piété de vôtre part, & des prieres ferventes pour attirer sur elle la miséricorde de ce Juge redoutable. Voilà de quoi vous devriez vous occuper, si vous avez quelque sentiment de Religion, & une véritable tendresse pour la personne que vous regrettez. Pour moi, je m'offre à conjurer le Ciel avec vous, de lui être favorable. C'est la meilleure marque que je puisse vous donner de la part que je prens à votre perte.

Ce discours fit quelque impression sur moi. J'avois reçû une éducation Chrétienne, & j'étois bien instruit des devoirs de la Religion. Je pensai qu'effectivement ma sœur pou-

pouvoit avoir besoin de quelques prieres : je me souvins même qu'elle me l'avoit demandé en grace en mourant. Je consentis donc à la proposition du Curé, & je lui demandai s'il étoit seul de sa profession dans le bourg. Il me dit qu'il feroit venir son Vicaire ; & que si je voulois plus de monde, il y avoit près de là un Couvent de Recollets assez considerable. Je le priai d'en envoier chercher deux. Le Pere Gardien vint avec son compagnon ; de sorte qu'ils se trouverent quatre à prier Dieu pendant toute la nuit auprès de ma sœur. Je la passai moi-même à genoux avec eux, les interrompant à tous momens par mes soupirs & mes sanglots.

Le lendemain il me vint un Médecin & deux Chirurgiens, que j'avois envoyé chercher dans la ville la plus voisine avec des parfums, & tout ce qui étoit nécessaire pour embaumer le corps. Je le fis mettre dans un cercueil de fer blanc, n'en pouvant avoir un de plomb ; & je fis couvrir ce cercueil d'un bois leger, que je fis revêtir de velours noir. Tout cela s'executa si lentement, que je fus obligé de passer dans cet endroit le reste du jour & la nuit suivante. Je la passai comme j'avois fait la premiere, c'est-à-dire en prieres avec les quatre Prêtres, n'aiant pris ni sommeil ni nourriture depuis deux jours; ce qui me rendoit méconnoissable. Je me disposai à partir le troisiéme jour au matin; mais je me trouvai dans un embarras extréme, lorsque je vins à songer de quelle maniere j'apprendrois mon malheur à mon pere & à ma mere. Il n'y avoit pas moien de différer davantage, car je leur avois écrit la veille de notre départ, & je jugeois bien que ne nous voiant point arriver, ils étoient déja dans l'inquiétude. Cependant je ne pouvois me résoudre à leur aller offrir un aussi mortel spectacle que celui de ma sœur ensevelie. Cette pensée jointe à ma douleur me causa une fievre violente: mais j'étois peu touché de mes propres maux. Je priai le Pere Gardien des Recollets de prendre le devant, pour pré-

préparer mon pere à de ſi triſtes nouvelles. Je lui fis donner un cheval, afin qu'il pût aller plus vîte. Pour moi je me mis dans ma berline auprès du cercueil, ſur lequel j'eus la tête & les mains continuellement appuiées.

Lorſque je fus arrivé auprès de la ville, je mis pied à terre dans un petit village, où j'avois dit au Pere Gardien de venir me rejoindre. Je le vis bientôt paroître; mais il n'étoit pas ſeul, le Marquis mon pere étoit avec lui. Auſſitôt que je l'eus apperçû, je marchai douze ou quinze pas au devant de lui, & je me jettai à ſes pieds en pouſſant un cri pitoiable. Il m'embraſſa en verſant un torrent de larmes, ſans pouvoir prononcer un ſeul mot. Mais il fut bien ſurpris, lorſqu'il vit qu'au lieu de me relever, je demeurai ſur la terre ſans connoiſſance & ſans ſentiment. C'étoit un évanouiſſement dont on eut aſſez de peine à me faire revenir. Nous entrâmes dans l'hôtellerie où je m'étois arrêté. La premiere choſe que fit mon pere, fut de ſe mettre à genoux devant le crucifix, qui étoit ſur le cercueil, & de lui adreſſer ſa priere d'une maniere capable d'attendrir les plus durs. Il me dit enſuite qu'il avoit appris du Pere Gardien, que je n'avois pas pris de nourriture depuis trois jours, qu'il n'étoit point content de cela, & qu'il m'ordonnoit de prendre quelque choſe à l'heure même. J'obéis ſans repliquer. Nous prîmes avant que de partir quelques meſures pour conduire le cercueil dans un Couvent de Religieuſes, où il demeura quelque tems en dépôt, juſqu'à ce qu'il fût porté en France dans le tombeau de nos ancêtres. Qui pourroit s'imaginer tout ce que je ſouffris, lorſqu'il fallut abandonner ce précieux cercueil, dans lequel il me ſembloit que la moitié de moi-même étoit renfermée!

Cependant la Marquiſe étoit dangereuſement malade. On ſe garda bien de l'informer de la mort de ſa fille, & de l'état où j'étois réduit moi même; car ma fievre continuoit toujours avec beaucoup de violence. On ne lui parla pas même me de mon arrivée; mais il étoit impossible que l'état des choses lui fût caché long-tems. J'ai déjà dit que nous lui avions écrit lorsque nous nous étions mis en chemin, & elle nous attendoit avec la derniere impatience. Lorsqu'elle vit au bout de quelques jours, que nous ne paroissions point, elle tomba dans des allarmes qui augmenterent beaucoup son mal. Mon pere tâchoit de la remettre par des raisons inventées, ausquelles il attribuoit notre retardement. Il lui dit que j'étois tombé malade en chemin, mais que c'étoit une maladie legere, dont il n'y avoit rien à appréhender: il contrefit même l'écriture de ma sœur pour la tromper plus surement, & il lui montra des lettres qu'il faisoit semblant d'avoir reçû de nous. Cela lui réussit pendant quelque tems; mais elle ne commença pas plutôt à se porter un peu mieux, qu'elle voulut monter en carrosse pour se rendre dans l'endroit où on lui avoit dit que j'étois demeuré malade. En vain trouva-t-on de nouveaux prétextes pour l'en détourner; elle perſiſta ſi abſolument dans cette réſolution, qu'on n'eut plus d'autre parti à prendre, que de lui découvrir nos malheurs tels qu'ils étoient. Mon pere s'acquitta lui-même de ce triſte office; il prit la choſe de fort loin, de peur qu'elle ne ſe trouvât trop ſaiſie tout d'un coup. Mais qu'il eſt difficile d'en impoſer à une mere tendre & paſſionnée pour ſes enfans! Elle n'eut pas beſoin de tout entendre, pour concevoir de quoi il étoit queſtion. Le Lecteur me pardonnera, ſi je n'entreprens point de rapporter l'effet que cet affreux récit fit ſur elle. Il y a des choſes qu'il vaut mieux omettre tout-à-fait, que de les décrire imparfaitement. L'infortunée Marquiſe retomba dans ſa maladie pour n'en revenir jamais. Elle appella tant de fois la mort à ſon ſecours, qu'elle mourut effectivement dix jours après, avec le nom de ſa chere fille à la bouche.

Fin du premier Livre.

ME-

MEMOIRES DU MARQUIS DE ***

LIVRE SECOND.

MOn pere consterné de cette triple perte, fut longtems incapable de consolation. Il se retira chez les Peres de l'Oratoire, dans le dessein de renoncer absolument au monde. Mes prieres, mes pleurs ne purent changer cette terrible résolution : l'unique adoucissement auquel il consentit, fut de retourner en France, pour quelque tems, dans les terres qui lui appartenoient depuis la mort de mon grand-pere. J'espérois que cette diversion qu'il qu'il feroit à ſa douleur, pourroit inſenſiblement la lui faire oublier.

Nous partîmes enſemble trois mois après la mort de ma mere. Nous fîmes tranſporter avec nous les deux corps, pour être inhumez avec nos ayeux. Ce ſpectale nous fit paſſer le voiage bien triſtement. Enfin nous arrivâmes en des lieux, où contre mon eſpérance, tout ne ſervit qu'à renouveller la triſteſſe de mon pere. Que ne dit-il point à la vûe de cette forêt fatale, où ſa paſſion avoit commencé? Ce ſouvenir me touche encore. Il refuſa toute ſorte de viſites pendant ſix ſemaines, qu'il demeura dans ſon château: il les emploia à la priere, & à divers exercices de religion, ſe réſervant à peine quelques momens pour mettre ordre à ſes affaires, & pour m'aſſurer ſa ſucceſſion. Enfin lorſqu'il crut avoir aſſez fait pour moi, il me fit appeller dans ſa chambre, & me tint ce diſcours, qui fit trop d'impreſſion ſur mon ame, pour qu'il en puiſſe jamais être effacé; Si vous avez fait attention à ma conduite, mon fils, depuis que j'ai perdu de votre mere & votre ſœur, vous avez dû remarquer que cette perte m'a changé tout entier. Je ſuis mort avec elles, car elles ont emporté la moitié de moi-même; & ce qui me reſte de vie ne mérite plus d'en porter le nom. Mettez-moi donc auſſi au rang des perſonnes cheres qui vous manquent: accoûtumez-vous à cette idée, pour vous préparer à la perte réelle que vous allez faire bientôt de moi. Je vous préviens, parce que je connois votre tendreſſe. Je ſuis certain que vous ne me perdrez pas ſans douleur; & le Ciel ſait bien auſſi que vous étes l'unique choſe que j'excepte de l'indifférence & du mépris que j'ai pour tous les biens du monde. Vous ſerez toujours mon cher fils, malgré nôtre ſeparation; mon cœur eſt encore capable de ce tendre ſentiment. Mon deſſein eſt d'entrer chez les Chartreux. N'allez point le combattre, & n'eſpérez point de le pouvoir détruire. J'ai mis ordre à mes affaires, & j'ai diſpoſé de tous mes biens en votre faveur. Jouiſſez-en long-tems, ſoiez plus heureux que moi. Adieu. Je vous

vous défens de me répondre, vous m'attendririez trop.

Je me jettai à ses genoux pour l'arrêter : il m'embrassa dans cette situation, en laissant tomber quelques larmes, & sortit aussi tôt sans faire semblant d'entendre mille choses touchantes, que la douleur me faisoit dire. Quoique je ne doutasse point de la sincérité de sa résolution, & que je fusse extrémement affligé de ne pouvoir en arrêter l'effet, j'étois bien éloigné de penser qu'il dût l'executer sitôt. De sorte que je fus plus surpris que je ne puis dire, lorsque j'appris le lendemain à mon reveil, qu'il étoit parti sur les trois heures du matin pour se rendre à N ... C'est une Chartreuse, qui est située à une lieue & demie de chez nous. La Brie entra dans ma chambre à sept heures. Je dormois encore : il m'éveilla, & me dit en pleurant : Ah ! Monsieur, que je viens vous apprendre une triste nouvelle ! mon maitre est allé se faire Chartreux. Je l'y ai conduit moi-même ce matin. En arrivant au monastere, il m'a ordonné de reve-

nir

nir ici promptement, & de vous remettre cette clef, qui eſt celle de ſon cabinet.

Un coup de foudre m'auroit moins abbatu, que cette courte harangue. Je me jettai hors du lit ſans répondre, & me donnant à peine le tems de m'habiller, je pris le chemin de la Chartreuſe dans la même chaiſe, dont mon pere s'étoit ſervi. Je demandai qu'on me fît parler à lui. On me répondit qu'on l'alloit avertir. Je demeurai à la porte plus d'un quart d'heure ſans voir paroître perſonne. Mon impatience étoit ſi grande, que je l'aurois enfoncée ſi j'en euſſe eu la force. Enfin je la vis ouvrir, & ce fut le Pere Prieur qui ſe préſenta à mes yeux. Eh quoi! mon Pere, lui dis-je avec un air d'indignation; eſt-ce un homme comme moi qu'on laiſſe une heure dehors ſans répondre? Le Pere m'aſſura d'un air fort doux, qu'il avoit ignoré que je fuſſe dehors, & que c'étoit la faute du portier, qui peut-être un peu effraié de la vivacité avec laquelle je lui avois parlé, s'étoit retiré ſans m'avoir in-

introduit dans la maiſon. L'excuſe étoit aſſez vraiſemblable; d'autant plus que j'étois à la porte intérieure du monaſtere, qui n'étoit qu'un grillage de fer, au travers duquel le portier m'avoit parlé. Je ne laiſſai pas de reprendre avec chaleur: Mais, mon Pere, ce n'eſt pas vous qu'il falloit avertir; je demande Monſieur le Marquis, me ſera-t-il permis de lui parler? Je ſuis fâché, Monſieur, me dit le Pere, de ne pouvoir vous procurer cette ſatisfaction; Monſieur le Marquis eſt réſolu de ne voir perſonne pendant tout le tems du noviciat. Il m'a chargé de vous dire qu'il vous aime plus que jamais; mais qu'il ſouhaite auſſi que vous lui donniez un témoignage d'amour & de reſpect, en le laiſſant tranquille du moins cette année. Cette réponſe me mit preſque en fureur. Quoi! m'écriai-je, vous oſez me refuſer de voir mon pere! Je le verrai malgré vous. C'eſt par vos conſeils qu'il a pris la réſolution d'entrer ici; vous l'avez ſéduit, & vous voulez le retenir par vos artifices. J'ajoûtai quantité

tité d'autres choſes de même nature, auſquelles le Pere Prieur n'oppoſa que le ſilence, & beaucoup de modeſtie. J'eus quelque honte de traiter ſi mal un homme qui le méritoit ſi peu. Je lui dis plus doucement : Eſt-il poſſible que je ſois privé de la vûe de mon pere, & qu'il m'impoſe lui-même un ordre ſi cruel ! Allez le conjurer de ma part d'en uſer moins durement avec moi ; qu'il m'apprenne du moins par où j'ai mérité ſon mépris ou ſa haine. J'irai volontiers, répondit le Pere ; mais je vous aſſure déjà que ce n'eſt ni haine ni mépris, qui l'empêche de vous voir.

J'attendis le retour du Pere Prieur avec beaucoup d'agitation. Il revint au bout d'une demie heure avec une lettre qu'il me préſenta ſans parler. Il m'eſt aiſé de la tranſcrire ici, puiſque je la conſerve encore.

„ Si c'eſt pour me détourner de „ mon deſſein, que vous avez tant „ d'impatience de me voir, c'eſt „ une eſperance à laquelle il faut „ que

„ que vous renonciez abſolument. „ J'ai fait à Dieu le ſacrifice de ma „ vie; il n'y a point de conſidéra- „ tion humaine, qui puiſſe me le „ faire retracter. Si c'eſt pour me „ marquer votre tendreſſe & votre „ attachement, je vous tiens comp- „ te, mon cher fils, de ce témoi- „ gnage d'affection; & je vous aſſure „ que votre ſouvenir ne laiſſera pas „ d'avoir toujours place dans un „ cœur que la Religion & la dou- „ leur occuperont deſormais tout „ entier. Accordez-moi ce que le „ P. Prieur vous a demandé de „ ma part. Ce n'eſt que pour un „ an. Je vous conſeille de l'aller „ paſſer à Paris, pour achever de „ vous former à l'Académie. Ne „ m'oubliez pas; mais penſez à „ moi ſans vous affliger. Pourquoi „ vous affligeriez-vous? S'il me „ reſte quelque douceur à eſpérer „ ſur la terre, ce n'eſt que dans la „ ſolitude que je la puis trouver. „ Ah! laiſſez moi prendre Dieu „ pour partage, puiſqu'il y a ſi peu „ de fond à faire ſur les félicitez hu- „ maines. Adieu. Vivez heureux,

„ &

„ & ne vous ſouvenez de moi, que „ pour me rendre le Ciel favorable „ par vos prieres.

Je connoiſſois ſi bien mon pere, que je ne doutai plus après la lectu-re de cette lettre, de l'inutilité de mes inſtances. Je quittai le P. Prieur, & je retournai fort triſte au château. J'y demeurai encore quelques ſemaines, pendant leſquelles je ne laiſſai point paſſer de jours ſans viſiter la Chartreuſe. L'air de ſainteté qu'on y reſpiroit, l'exemple de mon pere, & peut-être auſſi la triſteſſe dont j'étois accablé, me firent naître quelques deſirs de retraite & de ſolitude. J'en communiquai quelque choſe au Pere Prieur; mais il me conſeilla en homme de bon ſens, de ne pas prendre pour la voix du Ciel un mouvement qui ne venoit que de la mauvaiſe aſſiette de mon ame, & de ſuivre plutôt la volonté du Marquis mon pere, qui m'avoit ordonné d'aller paſſer quelque tems à Paris. Je me laiſſai perſuader par ces raiſons. Je partis peu de jours après, & je ne menai avec moi que la la Brie & Scoti, qui m'étoient également affectionnez.

J'arrivai dans cette grande ville au commencement de l'année 1680. Le surnom de Grand qui venoit d'être donné au Roi Louis XIV. du consentement de toute l'Europe, fut l'occasion de quantité de fêtes publiques. Chacun s'empressoit de marquer son zele pour un Prince, qui faisoit tant d'honneur à la France. On ne parla pendant plusieurs jours que de feux de joie, de danses, & de festins. J'évitai des plaisirs que je n'étois point en état de goûter. Le fond de mélancolie que je portois sans cesse, me fit choisir ma demeure dans une rue écartée du fauxbourg Saint Germain. Je n'en sortois que le matin pour aller prendre mes leçons à l'Academie. J'avois appris à monter à cheval dans la ville où j'avois reçu ma premiere éducation; mais je trouvai dans les maitres de Paris un air auquel les Etrangers ne sauroient atteindre. Il en est de même pour la danse, les armes, & les autres exercices du corps.

corps. Je me rendois enſuite chez moi, où différens maîtres venoient m'apprendre la Muſique, & à jouer de quelques inſtrumens, pour leſquels j'avois de l'inclination. Le reſte du jour je l'emploiois à la lecture, & principalement à l'étude de l'Hiſtoire. Je gardai cette conduite pendant trois mois, ſans lier connoiſſance avec perſonne ; ce qui me fit regarder de pluſieurs comme un homme d'un caractere farouche, & peu ſociable.

Un jour que j'étois à l'Académie, je m'apperçus qu'un homme de bonne mine & fort bien mis, qui conſidéroit nos exercices, attacha ſes yeux ſur moi, comme ſi ma phyſionomie l'eût frappé & qu'il m'examina longtems avec beaucoup d'attention. Je vis en ſuite que ſans ceſſer de me regarder, il parloit d'une voix baſſe à quelques Officiers de l'Académie. Je ne ſais comment je remarquai tout cela, mais je n'y fis que légérement réfléxion, & je l'oubliai tout à-fait un moment après. Lorſque je fus retourné chez moi, Scoti qui me ſuivoit tous les jours au Manége, me dit que la même personne l'avoit abordé fort honnêtement, & lui avoit demandé qui j'étois: qu'aiant su mon nom, il s'étoit informé d'où venoit la mélancolie qui paroissoit sur mon visage, & s'il étoit vrai que je fusse un sauvage qui fuioit le commerce des hommes; qu'après avoir été satisfait là dessus, il avoit voulu savoir la rue & la maison où je demeurois. Je n'attribuai toutes ces questions qu'à la curiosité qu'on a quelquefois pour un inconnu, & je n'y pensai pas davantage. Le lendemain qui étoit un jour de fête, Scoti vint m'avertir sur les huit heures du matin, que le curieux étoit à ma porte dans un carosse, & qu'il demandoit à me voir. J'étois encore au lit. Cette visite d'un homme que je ne connoissois point, me surprit. Je lui fis dire que je n'étois pas levé; & que s'il avoit quelque chose de pressant à me communiquer, je le priois d'entrer sans façon. Il se fit conduire aussitôt à ma chambre, & me dit en s'approchant d'un air fort noble, qu'il venoit me demander mon

mon amitié & m'offrir la sienne. Je suis persuadé, Monsieur, continua t il, que nous lierons facilement connoissance. Je me suis senti porté à la souhaiter dès le premier moment que j'ai eu l'honneur de vous voir au Manege; & quoique je n'espere pas que vous puissiez prendre les mêmes sentimens pour moi sur ma physionomie, je me flate que mon zele & mes services pourront vous les inspirer.

Un début si obligeant demandoit une réponse civile. Je la tournai le moins mal qu'il me fut possible; & lui aiant fait quelques excuses sur ce qu'il me trouvoit au lit, je le priai de trouver bon que je prisse du moins ma robe de chambre, pour l'entretenir plus décemment. Nous nous assîmes auprès du feu. Nous prîmes du chocolat; & ce fut après un quart d'heure de conversation indifférente, qu'il fit retomber le discours sur le motif de sa visite. Il me dit que quelque estime qu'il eût concu pour moi sur ma seule figure, il l'auroit peut être conservée sans me la témoigner; mais qu'aiant demandé quelque éclairciſſement à un de mes domeſtiques ſur ma naiſſance & ſur la triſteſſe dont je lui avois paru poſſedé, il n'avoit pû réſiſter à l'envie de me connoître: qu'étant malheureux comme moi, & peut-être encore plus ſolitaire, il s'étoit imaginé que la communication de nos chagrins pourroit avoir quelque douceur pour l'un & pour l'autre: qu'il étoit rare de trouver parmi les perſonnes heureuſes & contentes, des amis qui priſſent part à nos peines, juſqu'à s'en affliger avec nous; au lieu que les perſonnes malheureuſes trouvoient de la conſolation à s'attendrir enſemble & à ſe plaindre de la dureté de la fortune ou de l'injuſtice des hommes. Enfin il m'apprit qu'il étoit l'aîné des neveux de Monſieur le Cardinal de Janſon: qu'aiant eu le malheur de ſe battre en duel, & de tuer ſon homme, il avoit été contraint de ſortir du Royaume: qu'il avoit erré longtems, toujours perſécuté par la fortune: que tout le crédit de ſon oncle ne pouvoit lui faire obtenir ſa grace; que preſſé cependant du désir de revoir sa patrie, il étoit rentré en France, malgré les ordres du Roi : qu'il se faisoit appeller le Marquis de Rosambert : que sa vie étoit continuellement en danger ; mais que cette pensée faisoit moins d'impression sur lui que mille sujets particuliers de douleur, qui rendoient sa vie très-malheureuse. Il me promit le récit de ses avantures, lorsque l'habitude de nous voir nous auroit rendus plus familiers, & il me pria de la maniere la plus tendre de lui accorder ma confiance, comme il m'assuroit de toute la sienne.

Je trouvai quelque chose de si relevé & de si touchant dans les manieres & dans les discours du Marquis de Rosambert, que je n'eus pas de peine à prendre pour lui tous les sentimens qu'il désiroit. Nous devînmes inséparables dés ce moment. Nos intérêts, nos occupations, nos chagrins, nos promenades, nos lectures, tout fut bientôt commun entre nous. Nous trouvâmes dans nos caracteres & dans nos inclinations, des rapports qui servirent encore à redoubler notre amitié. Combien de fois admirâmes nous l'heureux hazard qui avoit produit notre connoissance! nous passions souvent des jours entiers à nous entretenir, & nous nous séparions toujours sans lassitude. Nos entretiens rouloient sur nos malheurs, sur notre amitié, sur quelque point d'histoire, de morale, ou de religion. Le Marquis s'exprimoit avec beaucoup d'élégance & de facilité. Il pensoit juste & solidement. Cet exercice nous instruisoit, en même tems qu'il faisoit toute la douceur de notre vie. Quand il nous prenoit envie de sortir, c'étoit pour aller faire quelques tours de promenade dans un endroit écarté, ou pour visiter quelque Bibliotheque. Nous allions avec plaisir à celle de Saint Victor les Jours qu'elle s'ouvre au public. Le Bibliothecaire s'accoûtuma si fort à nous voir, qu'il nous regarda à la fin comme de personnes de connoissance, & qu'il ne fit point difficulté de nous prêter des livres. Mais nos principales promenades étoient le Parc de Vincennes, lorsque nous voulions nous écarter de Paris, & le jardin des Chartreux, quand nous n'étions point d'humeur à aller plus loin. Ce fut là qu'un jour après avoir commencé par quelques réfléxions sur la vie tranquile de ces Solitaires, je rappellai au Marquis la promesse qu'il m'avoit faite de me raconter les accidens de sa vie. Il y consentit volontiers: nous nous assimes, & voici ce qu'il me dit; le sincere intérêt que j'y ai toujours pris, ne m'a pas permis de l'oublier.

HISTOIRE DU MARQUIS DE ROSAMBERT.

JE ne vous dirai rien de ma naissance qui vous est connue, ni de mon éducation qui n'a rien eu d'extraordinaire. Le mérite de mon oncle a beaucoup servi à la grandeur de notre maison. Je suis l'aîné, c'étoit sur moi que reposoient tous ses desseins; je ne doute

 point

point qu'il ne les eût fait réüssir selon ses espérances, si ma mauvaise fortune ne les eût entiérement dérangez.

Le Marquis de Fourbin mon pere, qui étoit Gouverneur d'Antibes, où il demeuroit assez ordinairement, m'envoia à Paris vers l'année 1673. pour entrer dans les Mousquetaires. Je n'avois que dix-huit ans. De quelles folies n'est-on pas capable à cet âge, où les passions sont vives, & la raison si peu capable de leur résister ? Je donnai bientôt dans tous les excès de la jeunesse. Je fis mon apprentissage de débauche par une avanture qui pensa me coûter la vie. Deux Mousquetaires de ma Province, qui cachoient une ame des plus basses & des plus noires sous un air noble & poli, me marquerent quelque empressement de lier une étroite amitié avec moi. Ils me regardoient comme un nouveau débarqué, qui étoit encore sans expérience, & dont il leur seroit aisé de faire leur dupe. Je ne me défiai point de leur dessein. Après quelques jours de connoissance, ce. ils m'offrirent de me donner à dîner chez Fracin, qui étoit, me dirent ils, un Traiteur excellent du fauxbourg Saint-Honoré. J'acceptai la proposition. Nous fimes effectivement bonne chere; le vin étoit délicat; nous demeurames à table jusqu'à trois heures. Un de mes compagnons se leve, fait deux tours dans la chambre, & s'avance vers la fenêtre qui donnoit sur la rue; il l'ouvre comme sans dessein; à peine y eut-il mis la tête, qu'il se tourna promptement vers son ami qui étoit encore assis, & qu'il lui dit: Chevalier, voilà la Chesnaye qui passe, veux-tu que je l'appelle? Volontiers, répondit l'autre. Est-il seul? Non, reprit celui-ci, il est avec deux Messieurs que je ne connois point: mais n'importe, nous en passerons le reste du jour plus agréablement. Il appelle aussitôt Monsieur de la Chesnaye, qui ne se fait pas prier pour monter avec ses deux amis. On s'assied, & l'on recommence à boire. Un quart-d'heure après, l'un des deux Mousquetaires dit à l'autre: Nous demeurons ſans rien faire, nous pourrions nous occuper mieux. Veux-tu me donner ma revanche des quatre parties de picquet que tu me gagnas hier? La partie fut acceptée; on fait venir des cartes, & mes Mouſquetaires ſe mettent au jeu. Nous nous amuſames quelque tems à les voir jouer. Enfin Monſieur de la Cheſnaye paroiſſant ſe laſſer d'être ſpectateur oiſif, me propoſe une partie de triomphe deux contre deux. J'y conſens. Nous jouons d'abord un écu ſeulement chaque partie. Nous en gagnames dix en une heure, mon ſecond & moi. On propoſa de jouer le tout; nous gagnons encore: le jeu s'anime. Pendant ce tems là, les Mouſquetaires ſe ſouviennent qu'ils avoient ordre de ſe rendre à cinq heures chez Monſieur le Commandant; ils nous demandent permiſſion de ſe retirer ſeulement pour une demi-heure, avec promeſſe de venir nous rejoindre auſſitôt qu'ils ſeroient libres. Ils ſortent, & nous laiſſent aux mains. La Cheſnaye qui perdoit, voulut jouer au lanſquequenet : je ne me fis pas presser, croiant que la fortune continueroit de m'être favorable : elle changea pourtant, & si tristement pour moi, qu'en moins d'une heure je perdis vingt pistoles ; c'etoit à peu près ce que j'avois d'argent sur moi. Un air goguenard répandu sur le visage de mes joueurs, m'ouvrit les yeux tout d'un coup, & me fit juger qu'on m'avoit trompé : cependant comme ce n'etoit encore qu'un soupcon, je feignis de ne rien appercevoir, & je me disposai seulement à me retirer sans attendre les deux Mousquetaires, qui me paroissoient avoir oublié leur promesse. Je prétextai quelque affaire, & je pris congé de Monsieur de la Chesnaye & de ses amis. Je n'etois pas au bout de l'avanture. Fracin qui me vit traverser la cour, vint au devant de moi, avec un papier qu'il me présenta. Je lui demandai de quoi il s'agissoit. C'est, me dit-il, la carte de la dépense, Monsieur. Cela ne me regarde pas, lui repondis-je. Messieurs .... ne vous ont-ils pas satisfait? Point du tout, reprit Fracin; ils m'ont dit en sortant, que s'ils ne revenoient point, ce seroit vous, Monsieur, qui auries la bonté de me paier. Je n'eus pas de peine alors à connoître que j'étois joué tout à fait. Je pris mon parti tout d'un coup; ce fut de tirer ma montre, qui valoit cinquante écus, & de la laisser à Fracin, en lui disant que je viendrois la reprendre le jour même, & lui apporter de l'argent. Je sortis plein de honte & de fureur; mais ce qui acheva de me desesperer, ce fut qu'en sortant j'entendis la Chesnaye rire de tout son cœur avec ses compagnons, qui s'étoient mis à la fenêtre. Je passai sans faire semblant de les voir; je m'en fus droit au quartier, en roulant dans ma tête mille projets de vengeance. Je n'y trouvois point ceux que je cherchois; ma fureur en redoubla, & je resolus de courir tout Paris pour les trouver. Après avoir fait quantité de tours, je les appercus enfin dans la rue de la Comédie, qui sortoient d'un Caffé. Lorsqu'ils me virent avancer vers eux, ils vinrent eux-

mêmes

mêmes audevant de moi, & me firent d'abord des excuses vagues & sans vraisemblance, qui ne servirent qu'à m'irriter davantage. Je leur dis nettement qu'ils s'étoient mal adressez pour faire une dupe, & que je voulois les voir l'épée à la main l'un après l'autre. Ils se regarderent un moment; & l'un d'eux me répondit qu'ils n'avoient pas dessein de se battre; qu'ils alloient à la Comédie, & qù'ils vouloient bien me la payer, si je voulois les y accompagner. Vous ètes des miserables, leur dis-je d'un air furieux, qui joignez la lâcheté à la friponnerie; mais vous me la payerez, & comtez que je trouverai le moyen de vous rejoindre. Je les quittai brusquement, & je retournai à ma chambre pour prendre un peu de repos, dont j'avois besoin. A peine une heure s'étoit passée, que mon valet vint m'éveiller, & me remit une lettre qu'on l'avoit chargé de m'apporter promptement. Je la lûs, & j'y trouvai ces termes,

,, Ce n'est point en pleine ruë ,, qu'on attaque les gens, comme

„ vous avez fait tantôt. Mais si „ vous avez tant d'envie de vous „ battre, ne manquez point de „ vous rendre à huit heures derriere „ le jardin des Chartreux. On vous „ y attendra de pied ferme.

Ce billet n'étoit signé que d'un seul; & comme c'étoit de celui qui étoit demeuré en silence dans la rue de la Comédie, je m'imaginai qu'aiant plus de cœur que son compagnon, il se pressoit de reparer la foiblesse qu'il avoit marquée en se taisant, dans la crainte d'être deshonoré, si je la publiois. Je me disposai à me rendre au lieu qu'il m'assignoit, & j'y arrivai un peu avant huit heures, fort éloigné de penser au malheur qui me menaçoit. Mon ennemi y étoit déja. Nous mîmes l'épée à la main, & nous nous poussames quelques bottes de fort bonne grace. J'y allois si vivement, que le sang n'auroit pas tardé à couler, lorsque j'entendis crier tout d'un coup par derriere moi: Tue tue, point de quartier. Je ne fus point maître du premier mouvement, qui me porta à tourner

ner la tête; & dans l'instant je recus un coup qui me perça le côté; mais heureusement cette blessure ne m'affoiblit point. Je me jettai sur la droite pour faire face aux nouveaux assaillans; c'étoit l'autre Mousquetaire avec la Chesnaye, qui avoient apparemment concerté de se défaire de moi. Ah! lâches, m'écriai je, trois contre un! N'importe, vous n'aurez pas ma vie aisément. Ils m'allongeoient pendant ce tems la de grands coups, dont plusieurs me percerent; & malgré toute mon adresse à parer, j'aurois péri infailliblement, si le Ciel n'eût veillé à mon secours. Un Capitaine de cavalerie, deux Lieutenans aux Gardes, & un Trésorier de France, avoient fait une partie de mail en pleine campagne; & cherchant une boule égarée, ils s'avancerent assez vers le lieu de notre combat pour nous appercevoir, & leur générosité les fit accourir promptement pour nous separer. Comme ils ne se dontoient point de l'inégalité des combattans, ils furent fort surpris de voir mes trois assassins s'enfuir

fuir à leur approche, & moi tomber presque aussitôt sur l'herbe, sans avoir la force de soûtenir mon épée. Mon sang couloit à grands flots; ils s'empresserent de me donner du secours, & banderent d'abord mes plaies avec leurs mouchoirs & leurs cravates. J'avois reçu cinq coups dans le corps, dont l'un me perçoit de part en part, & un sixiéme au travers du bras. Ils me prirent tous quatre, & me porterent avec assez de peine jusqu'à la maison du Trésorier de France, qui s'appelloit M. Olivier, & qui demeuroit heureusement à l'entrée du fauxbourg Saint Michel. On fit venir promptement des Chirurgiens, qui jugerent mes plaies mortelles, & qui ne me promirent pas deux heures de vie; ils ne laisserent pas de me traiter avec soin. Je repris peu à peu mes esprits. La quantité de sang que j'avois perdu m'avoit tellement affoibli, que je n'avois pas senti jusques-la le secours qu'on m'avoit donné. Je remerciai mes libérateurs; & apres leur avoir appris en deux mots qui j'étois, & la lâchecheté de mes perfides ennemis, je ne ſongeai plus qu'à me préparer à la mort. M. Olivier envoia chercher à la hâte un Prêtre dans ſon carroſſe. Il arriva; je me confeſſai. Pendant ce tems là, M. de la Broye, Capitaine de cavalerie dans le Régiment d'Anjou, & l'un des quatre qui m'avoient ſecouru, ſe ſouvint qu'un vieux cavalier de ſa Compagnie, qu'il avoit amené à Paris avec lui pour faire ſa recrue, avoit un ſecret admirable pour guérir les plaies. Il prit la peine de l'aller chercher lui-même, & me l'amena lorſque je finiſſois ma Confeſſion. Je demandai ce qu'on ſouhaitoit de moi, en le voiant approcher de mon lit. Cet homme vous apporte la vie, me dit M. de la Broye; ſouffrez qu'il voie vos bleſſures. J'y conſentis ſans penſer à autre choſe. Mais le Prêtre qui m'avoit confeſſé, & qui étoit un ſaint homme, s'avanca vers moi, & me dit à l'oreille. Ce ſoldat veut apparemment vous panſer du ſecret. Songez, Monſieur que vous venez de vous réconcilier avec Dieu. L'eſpérance d'une d'une guérison incertaine vous fera-t-elle retomber dans sa disgrace? Je répondis sans balancer: S'il y a du péché, je ne veux point être guéri, qu'on me laisse mourir, si l'on ne peut me sauver par les voies permises. Mes quatre libérateurs combattirent en vain cette résolution. Le cavalier juroit de son côté que son remede étoit innocent; & que l'aiant éprouvé sur plusieurs Officiers de distinction, il n'en avoit pas manqué un seul. C'est cette certitude même, reprit le Prêtre, qui me le rend suspect; mais faisons mieux, dites nous en quoi consiste votre secret; s'il peut être emploié sans crime, je serai le premier à vous presser de le faire. Après quelque résistance, le cavalier consentit à ce qu'on lui demandoit. Mon Confesseur n'y trouva à redire que la recitation du second verset de l'Hymne *Vexilla Regis*, qu'il falloit prononcer en faisant trois signes de Croix aux trois mots *Mucrone diro lanceæ*. Il demanda si cela étoit absolument nécessaire. Oui, répondit brusquement le cavalier; mais si si vous avez peur que je n'y mêle quelque diablerie, prononcez les, & faites les bénédictions vous même. Cette proposition parut raisonnable à tout le monde, excepté au Prêtre, qui y trouvoit toujours de la difficulté. Enfin Monsieur Olivier proposa que pour lever les scrupules on consulteroit Monsieur l'Evêque de Vence, qui étoit à Paris, & qui avoit pris une maison dans le voisinage. Il fut sur le champ le consulter lui même, & mena le severe Ecclésiastique avec lui. L'Evêque de Vence étoit ami de mon pere. Lorsqu'on lui eut proposé le cas, & qu'il l'eut décidé favorablement, il fut curieux de savoir mon avanture, & mon nom. On ne lui eut pas plutôt appris l'un & l'autre qu'il se mit en chemin pour me venir voir, & m'offrir tous les secours qui dépendoient de lui. Il voulut que le cavalier fît l'épreuve de son secret en sa présence. Nous n'en fimes plus difficulté sur la décision d'un homme tel que Monsieur Godeau. Il prit lui même des Heures, se mit à genoux, & récita le *Vexil-*

la

la tout entier, faiſant des ſignes de Croix ſur mes plaies aux paroles marquées. Pendant ce tems-là; le Cavalier travailloit de ſon côté: il s'étoit fait apporter du vin blanc, de la meilleure huile d'olive, & du feu dans un réchaud: il commença par ſucer mes bleſſures; ce qui m'affoiblit d'abord juſqu'à me faire perdre une ſeconde fois toute connoiſſance; mais je revins à moi avec le ſecours de quelque liqueur ſpiritueuſe. Il fit chauffer enſuite du vin blanc, dont il lava mes plaies juſqu'à ce que le ſang ceſſa de couler. Il verſa quelques goutes d'huile ſur les charbons ardens; & par le moien d'un papier roulé en forme de tuiau, il en dirigea la fumée dans mes bleſſures; ce qu'il renouvella pluſieurs fois dans l'eſpace d'un quart d'heure. Lorſqu'il eut fait cette opération, il me dit d'un air gai: Je vous répons, Monſieur, que dans huit jours vous vous porterez auſſi bien que moi. J'étois ſi foible, que je ne pouvois proferer une parole. Il demanda du linge, en fit des compreſſes qu'il imbiba de fumée d'huile, & me les ap-

appliqua avec autant d'adresse que le meilleur Chirurgien. Il m'ordonna d'éviter toute sorte de mouvemens pendant vingt quatre heures ; de me tenir assez couvert pour conserver une chaleur moderée, & de prendre un consommé de trois en trois heures. Je suivis ce régime avec exactitude. Mon Esculape continua pendant deux jours de me visiter soigneusement. Il changeoit l'appareil quatre fois le jour, & quatre fois la nuit, en gardant des intervales reglez, & sans emploier autre chose que sa fumée d'huile. Enfin je me trouvai si fortifié dès le troisiéme jour, que je ne doutai plus de ma guérison.

Les premieres marques de ma reconnoissance furent pour Monsieur Olivier, qui m'avoit reçu si généreusement dans sa maison, & pour Monsieur de la Broye qui m'avoit procuré le Médecin, à qui je devois la vie. Je donnai cent écus à cet habile cavalier ; & je lui promis que tant que je serois au monde, il ne manqueroit jamais du nécessaire. Mon dessein étoit après cela, de me faire transporter chez moi, de de peur de causer quelque incommodité à mes bienfaicteurs, mais M. Olivier s'y opposa avec tant d'honnêteté & d'affection, que je fus obligé de ceder. Je demeurai chez lui quinze jours, au bout desquels je fus entiérement rétabli.

Monsieur Godeau me faisoit l'honneur de me visiter tous les jours pendant ma maladie. Cet illustre Prélat à qui l'âge & l'étude avoient acquis une expérience consommée, jetta deslors dans mon ame des semences de Religion, & des principes de probité & de droiture, qui n'en sont jamais sortis. Je dois cette justice au Ciel, que dans tous les égaremens où je suis tombé depuis, j'ai toujours senti de vifs remords qui ont troublé mes plaisirs, & des mouvemens secrets qui me rappelloient à la vertu. Je n'avois eu jusques là que de foibles idées de la Religion; mais la présence de la mort, que je ne croiois pas pouvoir éviter, me fit écouter avidement tous les discours de M. de Vence. Tant que je lui parus être en péril, il ne m'en tint point d'autres que de la certitude & de la longueur de l'Eternité, & de la nécessité de recourir à Dieu pour mériter ses recompenses. Il m'expliqua l'esprit du Christianisme, & m'apprit sur cette matiere quantité de choses qui me semblerent surprenantes, parce que je les avois ignorées jusqu'alors. Cependant lorsque je commençai à me trouver mieux, il y mêla des choses moins serieuses. On sait que la Poësie faisoit ses délices; il me mit dans le goût des vers; il m'en apprit les regles, & me donna pour modele plusieurs de ses pieces: il laissoit passer peu de jours sans composer quelque chose en ce genre; je fis plus d'une fois l'essai de mon talent, même avant que d'être rétabli de mes blessures. Enfin mon malheur ne fut pas sans utilité, puisqu'il me procura les conseils & les instructions de ce sage Prélat.

Cependant je dois dire à ma honte, que je n'en devins guéres plus sage après ma guérison. L'amour du plaisir me fit bien tot oublier mes meilleures résolutions. Je m'attachai fort à M. de la Broye, qui avoit

avoit de la naiſſance, & les manieres les plus polies. Il étoit joueur. Je le ſuivis d'abord par complaiſance dans quelques Académies, car je n'avois jamais aimé le jeu; mais inſenſiblement. j'y pris un tel gout, que je croiois avoir perdu les jours que je paſſois ſans jouer. La baſſette étoit alors à la mode. Je m'y livrai pendant cinq ou ſix mois avec tant de fureur, que je ne pouvois m'occuper d'autre choſe. Je ne fis pendant tout ce tems-là, ni perte ni gain conſidérable; c'eſt-à-dire, que ſi je perdois quelquefois de groſſes ſommes; je réparois enſuite ſi heureuſement ma perte, que je n'en étois point incommodé. Il m'arriva d'être ſi heureux dans une ſemaine, que je gagnai cinquante mille francs. Cette bonne fortune qui ſembloit devoir naturellement m'attacher encore plus au jeu, comme il arrive preſqu'à tous les joueurs, fut néanmoins ce qui ſervit à m'en degoûter entiérement. Je ne fus pas plutôt retiré chez moi, que je fis réfléxion qu'il y avoit de la folie pour un jeune homme à s'enſevelir dans une

une chambre, comme je faiſois le jour & la nuit, pour ſe livrer aux agitations de la crainte & de l'eſpérance, & quelquefois au deſeſpoir & à la fureur. Je réſolus de profiter de mon bonheur, en faiſant ſervir à mes plaiſirs la ſomme que j'avois gagnée. Cette réſolution me changea tout d'un coup: je repris l'humeur gaie, & les manieres enjouées que le jeu m'avoit fait perdre, & je tâchai de me dédommager de tous les mauvais momens qu'il m'avoit fait paſſer. Qu'un jeune homme eſt content, lorſqu'avec beaucoup de diſpoſition au plaiſir, il ſe trouve la bourſe aſſez bien garnie pour s'en procurer de toutes les ſortes!

Je n'avois point encore connu ce que c'eſt que les paſſions tendres, j'en voulus faire l'épreuve. Je fus aſſez longtems à trouver une perſonne qui me parût digne de mes déſirs: enfin le hazard m'en préſenta l'occaſion dans une promenade que je fis à Verſailles. Je ne manquai point d'aſſiſter au ſouper du Roi; je me trouvai dans la ſalle au-

auprès d'une vieille Dame, qui me donna lieu par son attention curieuse, de lui demander si c'étoit la premiere fois qu'elle voioit ce spectacle. Elle me répondit fort honnêtement que, quoiqu'elle fût Parisienne, elle n'étoit jamais venue à Versailles que ce jour-là; qu'elle voioit le Roi pour la premiere fois; que malgré la curiosité naturelle à son sexe, elle n'auroit jamais été tentée de faire ce petit voiage, si sa fille plus curieuse qu'elle ne l'en eût sollicitée longtems; mais qu'elles auroient mieux fait de demeurer à Paris, puisque sa fille avoit été saisie en arrivant d'une colique violente, qui l'avoit fait souffrir cruellement pendant trois ou quatre heures; qu'à la fin son mal étoit passé, & qu'elle s'étoit endormie: que pour elle, se trouvant seule, & s'ennuiant pendant le sommeil de sa fille, elle étoit sortie de son auberge pour voir souper le Roi. Le visage & les manieres de cette Dame me revinrent beaucoup, & je continuai à m'entretenir tout bas avec elle pendant le reste du souper. Lorsqu'il qu'il fut fini, je m'offris à la reconduire ; elle accepta mon offre. Je quittai mes amis ſans les avertir, & je deſcendis l'eſcalier avec elle : un laquais qui l'avoit ſuivie ſe préſenta ; nous nous rendimes à ſon auberge. Elle me remercia de la maniere la plus civile lorſque nous fumes à la porte : mais je la priai de trouver bon que j'euſſe l'honneur de ſaluer ſa fille ; elle y conſentit, & nous entrames. Si la mere m'avoit paru agréable, je fus charmé tout d'un coup de la figure de ſon aimable fille. Nous la trouvames auprès du feu, s'entretenant avec ſa femme de chambre. Elle étoit en deshabillé : elle fit d'abord quelques reproches à ſa mere de l'avoir ſurpriſe avec moi dans cet état. La vieille Dame lui dit que je lui avois paru ſi ſage, & que j'en avois agi ſi honnêtement avec elle, qu'elle n'avoit pu me refuſer la liberté d'entrer, que je lui avois demandée avec inſtance. Nous paſſames une demi-heure dans un entretien qui eut mille charmes pour moi : enfin la crainte de me rendre incommode, m'obligea de me retirer.

Le lendemain, je retournai vers les dix heures à leur auberge; mais je ne les y trouvai plus. On m'apprit que la Demoiselle avoit fort mal passé la nuit, & que l'inquiétude qu'en avoit eue sa mere, lui avoit fait prendre le parti de retourner à Paris de grand matin. Cette nouvelle me toucha sensiblement; & faisant réfléxion sur la douleur qu'elle me causoit, je commencai à juger que mon cœur étoit atteint d'une sérieuse passion. Je n'étois pas assez faché de la sentir pour y résister. Je repris dès le même jour le chemin de Paris, dans la résolution de découvrir à quelque prix que ce fût, un objet qui m'étoit déja si cher, car je n'avois point eu la précaution de m'informer de son nom, ni du quartier où elle demeuroit.

J'emploiai plus de quinze jours à la chercher inutilement. Enfin me trouvant un jour dans l'Eglise de Saint Louis au Sermon du fameux Pere Bourdalouë, j'apperçus la mere

mere & la fille, qui n'étoient qu'à dix pas de moi. Cette vûe me fit perdre l'attention que je devois au Prédicateur. J'eus continuellement les yeux attachez sur elles, jusqu'à ce que la vieille Dame s'étant tournée vers moi, je la saluai profondément. Elle me reconnut, & je remarquai qu'elle dit plusieurs mots à sa fille qui me regarda aussitôt. Je lui fis aussi une profonde revérence. Le Sermon fut à peine fini, que je m'approchai d'elles: je leur reprochai agréablement leur prompte retraite de Versailles, & je les assurai qu'elles ne m'échapperoient plus si facilement. En sortant du Salut, je leur offris la main pour monter dans leur carosse, & je m'y plaçai moi-même sans façon. Nous sortimes de Paris pour faire quelques tours de promenade. Au retour, je les accompagnai jusqu'à leur maison, qui étoit à l'entrée de la rue des Francbourgeois. Elles me firent l'honnêteté de m'inviter à souper ; ce que j'acceptai avec toute la satisfaction imaginable.

Tout me parut sentir son bien

 dans

dans cette maiſon. La livrée étoit propre, les appartemens richement meublez; & ſi l'on ne nous ſervit pas un ſouper magnifique, il n'y eut rien du moins qui ne fut délicat, & bien apprêté. La vieille Dame m'apprit pendant le repas, qu'elle étoit veuve depuis quelques années; que ſon mari qui avoit été longtems Tréſorier de la Marine, & qui s'appelloit Monſieur de Colman, lui avoit laiſſé de gros biens avec une fille unique; qu'elle ne s'étoit occupée depuis ſon veuvage, que du ſoin d'élever ſa fille; qu'elle voioit peu de monde, & qu'elle étoit à peine connue dans le quartier. Elle me parla néanmoins de quelques perſonnes de Qualité, qui avoient de la conſidération pour elle, & qu'elle voioit familierement.

Je lui découvris de mon côté le nom de ma famille, & les occupations qui me retenoient à Paris. Je lui parlai avec tranſport du bonheur que j'avois d'entrer dans ſa connoiſſance, & de l'envie que je ſentois de la cultiver d'une maniere qui

qui la persuaderoit de l'estime que j'en faisois. La soirée se passa ainsi avec un contentement qui me parut reciproque. Je jettois sans cesse les yeux sur Mademoiselle de Colman, & j'apercevois quelquefois les siens qui se tournoient vers moi avec une douceur dont j'étois charmé.

La nuit étoit fort avancée, lorsque je quittai cette aimable compagnie. Il y avoit assez loin de leur maison jusqu'à la rue où je demeurois; je cherchai long-tems un carrosse de louage sans en pouvoir rencontrer. Après avoir marché quelque tems à pied, j'entendis sonner une heure; j'eus quelque inquiétude de me trouver si tard, seul dans les rues. La Police étoit alors fort mal observée à Paris, & l'on entendoit parler tous les jours de quelque meurtre qui s'étoit commis la nuit. Cette réfléxion m'obligea à tenir mon épée nue à la main, & je marchai ainsi, préparé à tout événement. Comme je traversois la rue Saint Martin pour gagner celle de Saint Honoré où j'étois logé, je vis à dix pas de moi trois femmes affises sur le seuil d'une porte, qui garderent un profond silence lorsqu'elles m'eurent apperçû. Ce sexe n'est pas fait pour épouventer. Surpris pourtant de les voir dans une posture si tranquile à une telle heure, j'avançai vers elles: ma présence les allarma; elles me demanderent fierement, si je desirois quelque chose. Rien, leur dis je, que l'occasion de vous rendre service; mais je vous avoue, Mesdames, que je ne m'attendois pas à une si belle rencontre. Passe ton chemin, me dit l'une d'elles. Je crus reconnoître au son de sa voix, que c'étoit un homme. Je répondis pourtant: Voilà bien de la grossiereté pour une belle Dame. Avez-vous entendu que je vous ai offert honnêtement mes services? Eh bien, Monsieur, reprit une voix plus douce, on les accepte, mais à condition que vous me direz sans déguisement qui vous étes. Je suis Mousquetaire, lui dis-je. Si vous étes Mousquetaire continua la même personne, je ne doute pas que vous ne soiez homme d'honneur: aiez pitié

de

de moi, Monſieur, & donnez-moi quelque ſecours. Ces dernieres paroles furent prononcées d'un ton ſi touchant, qu'elles m'attendrirent. Cependant j'entendis la voix d'un homme qui diſoit tout bas : Y penſez-vous, Mademoiſelle, de vous fier à un inconnu ? Prenez courage, nous ſommes preſque à la moitié du chemin. Je n'en puis plus, répondit la Demoiſelle ; je m'affoiblis tellement, que j'appréhende de ne pouvoir aller plus loin. Que voulez-vous que je faſſe ? Monſieur le Mouſquetaire aura compaſſion d'une malheureuſe, qui eſpere tout de ſa générosité.

Du caractere dont je ſuis il n'en falloit pas tant pour m'exciter à tout entreprendre. J'offris à cette Demoiſelle affligée tous les ſecours qui dépendoient de moi ; & je l'aſſurai d'un ton à me faire croire, qu'elle n'avoit rien à craindre, tant qu'il me reſteroit un ſouffle de vie. Elle me dit que la premiere faveur qu'elle attendoit de moi, étoit de la conduire dans quelque endroit où elle pût ſe repoſer & demeurer inconnue; qu'elle m'inftruiroit là de toutes fes infortunes; qu'en attendant elle pouvoit m'affurer que je n'obligerois pas une ingrate, ni une perfonne du commun. Je lui fis entendre que fi elle vouloit être bien cachée, elle ne pouvoit être mieux que dans mon appartement. En effet j'occupois deux chambres & un cabinet fort bien meublez. Mon valet de chambre & un laquais que je m'étois donné depuis que j'avois gagné quelque chofe au jeu, logeoient au deffus de moi; de forte que j'étois feul maître de l'efcalier, mon bâtiment n'aiant que deux étages. Il étoit fitué d'ailleurs au fond d'une cour où j'étois auffi tranquile, que fi j'euffe été feul à Paris.

La Demoifelle confentit à me fuivre. Je lui prêtai le bras pour la foûtenir; elle s'appuioit de l'autre côté fur une des deux femmes qui l'accompagnoient. Nous marchames ainfi jufqu'à mon logis fans mauvaife rencontre. Mes deux valets qui m'attendoient, ouvrirent la porte, & nous montames dans mon

mon appartement. Mais quelle fut ma surprise, lorsqu'aiant regardé plus attentivement mes trois compagnes, j'en reconnus une pour un Cordelier! Que vois je, mon Pere, lui dis-je avec une espece de saisissement, n'étes-vous pas Cordelier? Oui, Monsieur, me répondit-il, je le suis; il ne faut point que cela vous cause de peine, nous vous informerons de tout, lorsque Mademoiselle aura commencé à reprendre ses esprits. Je fis apporter sur le champ des liqueurs, des biscuits, & tout ce qui se trouva chez moi de plus propre à la soulager. Nous nous mîmes tous quatre auprès d'un grand feu. Ce fut alors que je commençai à me savoir bon gré de ma générosité. La jeune Demoiselle malgré sa pâleur, qui étoit l'effet de la crainte, paroissoit d'une beauté éblouïssante. L'inquiétude qui étoit peinte dans ses yeux, n'avoit pu en obscurcir entiérement l'éclat: elle y répandoit une langueur qui les rendoit infiniment touchans. Je n'épargnai rien pour la rassurer par toutes sortes d'honnêtetez & d'assu-

BIBLIOTHEQUE DE L'ARSENAL

rances de ſervices. Je fis préparer un lit qui étoit dans le cabinet, afin qu'elle y pût paſſer tranquilement le reſte de la nuit, & je la preſſai d'y aller prendre le repos dont elle avoit beſoin. Il n'eſt pas juſte, me dit elle, que je vous laiſſe ignorer plus long tems l'obligation que je vous ai ; vous me ſauvez la vie, & vous la ſauvez en même tems à un innocent, qui auroit été la malheureuſe victime d'une barbare colere. Permettez moi de vous cacher mon nom pour aujourd'hui ; je ſuis d'une des meilleures familles de Paris. J'ai eu un amant qui mérite mille morts, s'il m'eſt infidele ; mais qui ne ſauroit être aſſez plaint, ſi me conſervant la tendreſſe qu'il me doit il ignore mes malheurs & les ſiens. Ma foibleſſe m'a fait conſentir à ſes déſirs. Je porte dans mon ſein le fruit de nos amours. Mes deux freres, ſous la puiſſance deſquels je ſuis reſtée après avoir perdu mon pere & ma mere, ont découvert ce que j'ai tâché inutilement de leur déguiſer ; ils y ont cru leur honneur intéreſſé, & cette imaginanation leur à fait former le dessein d'une cruelle vengeance. Voilà le Pere, continua-t-elle en montrant le Cordelier, qui vous apprendra tout le reste : pour moi je vais user à présent de la liberté que vous m'accordez de me retirer. Après m'avoir salué avec beaucoup de grace elle passa dans le cabinet, & se fit suivre de l'autre personne qui étoit sa femme de chambre.

Je priai le Cordelier avec impatience, de me raconter la suite d'une histoire si intéressante. Il prit la parole, & me dit qu'il avoit cru périr cette nuit ; que jamais il n'avoit eu tant de fraieur, ni tant de sujet d'en avoir ; qu'il étoit Cordelier du grand Couvent, & que depuis longtems il ne s'occupoit qu'à confesser, & à diriger les consciences, ce qui l'avoit rendu célebre dans Paris. Il m'apprit aussi son nom, que je n'ai pas retenu. Cette nuit, me dit-il, comme je me levois pour aller à Matines, le portier du Couvent m'est venu avertir qu'il y avoit un carrosse qui m'attendoit à la porte, pour aller confesser promptement M. le Duc de Brissac qui se mouroit d'une attaque d'apopléxie. Je m'habille à la hâte sans la moindre défiance, & je me rends à la porte. Je n'avois pas besoin de parler au Pere Gardien, parce que j'ai une permission generale de sortir dans de pareilles nécessitez. Un laquais ouvre la portiere du carrosse; je monte, on la referme, & nous marchons grand train. Je me suis bien apperçu malgré l'obscurité; qu'on me faisoit faire plus de chemin qu'il n'y en avoit jusqu'a l'hôtel de Brissac, & que nous nous éloignions du fauxbourg Saint Germain; mais comme je ne me défiois de rien, je me suis imaginé que Monsieur le Duc étoit tombé malade subitement dans quelqu'autre hôtel que le sien. Enfin le carrosse s'arrête après de longs détours dans une rue du Marais, vis-à-vis une grande porte cochere. Cette porte s'ouvre aussitôt, je vois paroître trois ou quatre personnes masquées qui s'approchent de moi avec un mouchoir à la main, & qui me prient assez honnêtemnt, de per-

met-

mettre qu'on me bande les yeux avant que de sortir du carrosse. Sur quelques difficultez que je faisois d'abord, on me dit que je n'avois rien à craindre ; qu'on n'avoit affaire de moi que pour une demi-heure ; qu'au reste il seroit inutile de résister, puisque je n'étois pas le plus fort. J'ai souffert en tremblant tout ce qu'on a voulu. On m'a fait descendre les yeux bandez. J'ai marché pendant quelque tems sans savoir où j'allois : on me conduisoit par la main, & l'on me repétoit de tems en tems de ne rien craindre. Enfin l'on m'a débandé les yeux, & je me suis trouvé dans une grande salle fort bien meublée. Un de mes conducteurs m'a dit : Reprenez vos esprits, mon Pere, & entrez dans cette salle voisine, vous y trouverez deux femmes qu'il faut que vous confessiez le plus promptement que vous pourrez : on vous reconduira ensuite à votre Convent sans vous faire aucun mal. On m'a laissé seul. Je suis entré dans une chambre, dont la porte étoit entr'ouverte, & j'y ai trou-

trouvé effectivement les deux Demoiselles qui sont ici, toutes deux les larmes aux yeux, & poussant de grands soupirs. Dès qu'elles m'ont vû paroître, elles se sont jettées à mes pieds en me priant de leur faire accorder du moins la vie. Je leur ai dit que je n'avois aucun pouvoir, que j'avois reçu ordre de les confesser, que j'ignorois absolument de quoi il s'agissoit. On parle de me confesser! s'est écriée la jeune Demoiselle! les cruels ont donc résolu de m'ôter la vie! Ah! Marianne, soutien-moi, a-t-elle dit a sa femme de chambre, je suis perdue, mes cruels freres vont nous donner la mort. Là-dessus elles se sont mises à pousser toutes deux des cris pitoiables. Les Masques sont revenus au bruit qu'elles faisoient; & loin d'en paroître touchez, ces miserables ont insulté brutalement à la douleur de leur sœur. Allons, ont-ils dit, Mesdames les P.., il faut expier votre folie; finissez, je vous prie, ce tintamarre, & songez plutôt à faire votre paix avec le Ciel; nous ne vous donnons qu'un quart-d'heud'heure pour penſer à vous. Ils ont regardé enſuite à leur montre quelle heure il étoit, & ſont ſortis en jurant qu'ils reviendroient au bout d'un quart-d'heure. Je vous avoue, continua le Cordelier, que ce ſpectacle m'a épouventé moi-même; & qu'au lieu d'exhorter mes pénitentes à ſe préparer à la mort, je leur ai dit tout bas: Meſdemoiſelles, nous ſommes ſeuls, n'y a-t-il point moien de ſe ſauver? Où donnent ces fenêtres? Malheureuſement elles donnoient ſur le jardin; cependant lorſque j'ai ſçû que les murailles du jardin bordoient la rue, j'ai conçû quelque eſpérance de ſortir d'un ſi mauvais lieu. Nous ſommes deſcendus dans le jardin ſans faire le moindre bruit. Nous nous étions munis de trois chaiſes pour faciliter notre évaſion; mais elles ont été inutiles. La femme de chambre nous à fait remarquer un grand eſpalier qui s'élevoit juſqu'au haut du mur: je ſuis monté le premier pour prêter la main aux deux Demoiſelles; elles m'ont ſuivi avec un courage admirable. Il

étoit

étoit plus difficile de descendre, que de monter, mais la nécessité ne permet pas de songer au péril: je me suis coulé fort heureusement jusqu'à terre, & je les ai reçûes sur mes bras. Nous nous sommes éloignez sans perdre de tems de ce lieu maudit; & la lassitude avoit contraint ces deux pauvres Demoiselles à se reposer un moment, lorsque vous nous avez rencontrez. Mon dessein étoit de les conduire chez une Dame de mes amies, qui demeure auprès de notre Couvent; mais je ne suis pas fâché que nous soions tombez entre les mains d'un aussi honnête homme que vous le paroissez.

Ce récit me causa une véritable compassion. Je fis coucher le Cordelier dans le lit de mon valet de chambre; & je me couchai dans le mien, en m'entretenant d'une si etrange avanture. Je ne fus pas plutôt réveillé, que je pensai serieusement aux suites qu'elle pouvoit avoir. Je trouvois fort plaisant qu'un Mousquetaire de mon âge fût obligé de donner sa chambre

pour

pour asile à une Demoiselle de dix-sept ou dix-huit ans ; un Cordelier, une femme de chambre sous ma protection ; tout cela avoit l'air d'une petite Communauté, dont je pouvois me considérer comme le Supérieur. Je me levai dans ces réfléxions, & lorsque la jeune Demoiselle fut en état d'être vûe, je me présentai à elle avec une gravité qui confirma l'opinion qu'elle avoit de ma sagesse. Je lui renouvellai l'offre de mes services. Elle jetta d'abord quelques soupirs, qui furent suivis des assurances les plus vives de sa reconnoissance. Elle me pria de faire appeller le Pere Cordelier : elle le remercia de la fatigue qu'il avoit essuiée pour elle ; & elle lui fit promettre un secret inviolable sur tout ce qui s'étoit passé. Le bon Pere s'y engagea par serment, & il sortit pour retourner à son Couvent, où il craignoit qu'une si longue absence ne le rendît suspect.

Je demeurai seul auprès du lit de la Demoiselle. Après m'avoir appris son nom, elle me dit : Il faut, Mon-

Monſieur, que j'aie une haute idée de votre vertu, pour demeurer avec vous dans la ſituation ou je me trouve. Les preuves que j'en ai déja reçûes, me garantiſſent l'avenir. Mais ce n'eſt point aſſez: puiſque vous avez commencé à être mon libérateur, j'attens de vous des effets continuez de générοſité.

Le plus preſſant de mes déſirs, eſt de donner de mes nouvelles à mon amant. Helas! ſi ma mauvaiſe étoile ne lui a pas changé le cœur, quelle va être ſa déſolation, lorſqu'il apprendra ce que je ſouffre pour lui! Il eſt Capitaine dans le Régiment de.... les ordres de la Cour l'ont obligé depuis deux mois de ſe rendre à ſa garniſon. Trouvons, je vous prie, quelque expédient pour le tirer de là, & pour l'engager à me venir conſoler par ſa préſence. Je lui répondis, qu'une Demoiſelle auſſi accomplie qu'elle, n'ayant pu faire choix que d'un honnête homme pour ſon amant, je ne doutois point qu'il ne ſe hâtât de venir à la premiere nouvelle qu'il auroit de ſon malheur; que pour éviter les risques d'une lettre, & les longueurs de la poste ordinaire, je ferois partir volontiers mon valet en poste, avec un billet de sa main; & que si elle le jugeoit nécessaire, j'étois disposé à lui rendre ce service moi-même. Elle accepta la proposition de faire partir mon valet. Elle écrivit sur le champ une lettre de quatre pages; les chevaux se trouverent prêts en moins d'une heure.

Je fis quelques réfléxions sur cette démarche, pendant qu'elle écrivoit sa lettre. Comme je n'avois en tout qu'une envie sincere & desintéressée de la servir; il me sembla que la délicatesse de son amant pourroit être blessée de la trouver entre les mains & sous le pouvoir d'un Mousquetaire. Je lui fis faire cette attention, dont elle me sut bon gré, & nous conclumes qu'elle prendroit une chambre dans la même maison, mais séparée de mon appartement. J'allai aussitôt proposer la chose au maître du logis, qui nous en accorda une, telle que nous la désirions. Je fis ensuite partir mon va-

valet avec les instructions nécessaires.

Je retournai auprès d'elle pour lui offrir ma bourse: elle fit quelque difficulté d'accepter mes offres, quoiqu'elle manquât de tout. Elle me dit qu'espérant de voir bientôt son amant, elle comptoit de se trouver dans l'abondance à son arrivée. Je ne la pressai point; mais en sortant, je mis sur la table une bourse de cent louis d'or, qui faisoient en ce tems-là environ deux mille francs; & j'ordonnai en particulier à sa femme de chambre, d'acheter promptement tout ce qui lui étoit nécessaire.

Quelque diversion que cette avanture eut faite à ma passion naissante, elle n'avoit point effacé dans mon cœur l'image de Mademoiselle de Colman. Dès que j'eus un moment de liberté je résolus d'aller chez elle, & de ne pas différer à lui offrir un cœur où elle regnoit absolument. Je crus qu'aiant été élevée dans la retraite, je n'avois point à garder avec elle toutes les regularitez de la galanterie: les coquettes en ont fait un art, mais il faut de l'usage pour en savoir les principes; ils ne sont gueres connus d'une jeune personne qui est éloignée du commerce du monde, & qui ne prend point d'autres sentimens que ceux que la nature lui inspire. J'entrai chez elle comme si j'y eusse été connu depuis longtems. Je me fis conduire à sa chambre ; heureusement Madame de Colman n'étoit pas encore levée. Je dis à son aimable fille tout ce que la passion put m'inspirer de plus tendre : elle en rougit d'abord, & elle parut m'écouter à regret ; mais je lui marquai tant de respect & de veritable tendresse, que je m'apperçus à la fin qu'elle y trouvoit quelque douceur. Monsieur, me dit-elle en finissant notre entretien, je souhaite que tout ce que vous me dites, soit sincere. Sa mere qui parut en ce moment m'empêcha de lui renouveller les assurances de ma sincérité. Je les accompagnai à la Messe ; j'en revins avec elles ; nous dînames ensemble, & la journée se passa avec tous les charmes qu'on trou-

trouve dans une nouvelle paſſion. Vous verrez, continua le Comte de Roſambert, que ce n'eſt pas ſans raiſon, que j'entre dans le détail de toutes ces circonſtances.

Je me rendis le ſoir chez moi. La Demoiſelle dont je vous cache le nom par conſideration pour ſa famille, avoit quitté mon appparte-ment pour occuper la chambre que j'avois fait préparer. Je la priai de trouver bon que j'euſſe l'honneur de manger avec elle; & je vous avoue que je remarquai dans ſes manieres, & dans le tour de ſon eſprit quelque choſe de ſi touchant, que j'eus beſoin de toute la force de l'honneur pour retenir mon cœur dans de certaines bornes. Notre entretien tomba inſenſiblement ſur les ſuites malheureuſes des plus cheres paſſions. Elle me dit qu'elle avoit prévû tout ce qui lui étoit arrivé, mais qu'elle n'avoit pu réſiſter à l'impétuoſité de ſon penchant; que ſa conſolation étoit d'avoir un amant qui meritoit les peines auſquelles elle s'étoit expoſée pour lui; qu'elle étoit preſque aſſurée de n'a-voir

voir plus que trois ou quatre mois à vivre ; mais qu'elle attendoit la mort ſans fraieur, parce qu'elle en étoit la cauſe. Ces paroles me frapperent. Je lui demandai ſur quel fondement elle parloit de ſa mort comme d'une choſe ſi certaine. C'eſt, me répondit-elle, que je n'eſpere pas de ſurvivre à mes couches. J'ai une horreur inexprimable pour ce fatal & honteux aſſujettiſſement de notre ſexe. Je n'y ſaurois penſer ſans reſſentir des mouvemens qui me mettent hors de moi-même, & des douleurs déja pires que celles de la mort. Je ſuis d'ailleurs du tempérament le plus délicat. Ainſi je regarde la fin de ma vie comme fort prochaine. J'en ai fait le ſacrifice à mon amant, en lui donnant toute ma tendreſſe. Je ſavois bien, continua-t-elle, que je n'étois point capable d'aimer médiocrement : j'ai tout enviſagé, & jamais il n'y eut de malheurs ſi prévûs, ni ſi volontaires que les miens.

Je me hazardai là-deſſus à lui demander pourquoi elle ne s'étoit point oppoſée au progrès d'une passion dont elle prévoioit des suites si malheureuses. Je conçois bien, lui dis je, que lorsqu'un cœur tel que vous me dépeignez le vôtre, est une fois enflammé, il lui est difficile de garder des mesures, & de modérer ses désirs; mais vous connoissant si bien vous-même, comment ne vous étes vous pas précautionnée contre toutes sortes d'engagemens? J'ai toujours cru qu'il étoit aisé à une personne de votre sexe, de se garantir de l'amour.

Elle me répondit: Si vous l'avez toujours crû, vous vous étes toujours trompé; je juge de toutes les femmes par moi-même. Nos premiers mouvemens nous portent à la tendresse; cette disposition naît avec nous, elle ne nous quitte jamais; & s'il se trouve quelques femmes qui meurent sages, il faut qu'elles aient combattu pendant toute leur vie. Combien croiez vous, continua-t-elle, que l'éducation qu'on nous donne, & la mollesse dans laquelle on nous éleve, contribuent à fortifier ce premier penchant? J'ai fait cent réfléxions sur

la

la nature de mon eſprit, & ſur celle de mon corps: je ſuis foible & tendre, voilà ce que j'ai apporté en naiſſant; mais les lectures, les ſpectacles, les converſations m'ont rendue folle, voilà ce que je dois à la maniere dont j'ai été élevée. Dès l'âge de douze ans, je me formois l'idée d'un amant, tel que je l'aurois ſouhaité pour être heureuſe: ce fantôme m'acccompagnoit par tout, & je ſentois déja pour lui les déſirs qu'inſpire la réalité: j'étudiois tous les hommes que j'avois occaſion de connoître, & je les aimois à proportion qu'ils me ſembloient approcher de la parfaite image que je portois dans mon cœur. Lorſque je vis pour la premiere fois celui que le ſort avoit deſtiné pour être mon amant, je ſentis des mouvemens extraordinaires qui ſembloient m'avertir que c'étoit-là l'homme que j'aimois depuis quatre ou cinq ans ſans le connoître. Il prit pour moi des ſentimens dont il n'eut pas de peine à me perſuader: plus je le voiois, plus je lui trouvois de rapport avec mon idole, & bientôt il ne fut plus qu'une même chose avec elle. Ce n'est pas que je ne lui aie fait acheter ma conquête assez cher: mais à quoi sert la résistance d'une femme, qu'à irriter ses propres desirs? Je voulois garder quelque dehors de bienséance, & m'assurer que j'étois aimée. Lorsque je crus l'être, j'ouvris mon cœur à la plus violente passion qui fut jamais. Vous me demanderez pourquoi je n'ai pas du moins évité la derniere foiblesse? Mais une femme est elle maîtresse d'elle même, quand elle est sans cesse avec un homme qu'elle a rendu le maître de son cœur? J'ai compté sur la tendresse & sur la générosité de mon amant, je l'aimerois bien peu si je pouvois le croire capable de me trahir.

La conversation dura long-tems sur cette matiere: je la consolai autant que je pus par l'espérance d'un avenir heureux, qui la rejoindroit bientôt à l'objet de ses desirs. Effectivement je ne pouvois m'imaginer qu'il y eût au monde un homme assez lâche pour abandonner une femme après l'avoir réduite à cet état : j'aurois répondu ſur ma vie de la fidélité de ſon amant : le portrait qu'elle m'en avoit fait, me prévenoit en ſa faveur, & je n'avois pas moins d'impatience qu'elle, de le voir arriver pour en faire un ami. Je ſoupai tous les jours avec elle juſqu'au retour de mon valet. J'avois ſoin de me rendre de bonne heure au logis, pour la ménager dans l'état où elle étoit ; car ſa groſſeſſe paroiſſoit avancée. Le reſte du jour je le paſſois preſque tout entier chez Mademoiſelle de Colman. Enfin huit jours après, je rencontrai mon valet qui arrivoit en poſte. Surpris de le voir ſeul, je lui demandai ſi Monſieur de.... ne venoit point par derriere. Il me fit ſans répondre quelques ſignes de tête, qui me firent mal augurer du ſuccès de ſa commiſſion. Il me préſenta une lettre qui étoit pour la Demoiſelle. J'allai chez elle ſans perdre un moment, & je la lui remis en lui diſant qu'elle devoit connoître cette écriture. Elle l'ouvrit ; à peine avoit elle eu le tems d'en lire les premieres lignes, qu'elle

 tom-

tomba sans connoissance à mes pieds. Sa chute fut si violente, que je craignis beaucoup pour elle. Je lui fis donner néanmoins de si prompts secours, qu'elle recouvra la connoissance. Mais, bon Dieu! qu'il eût bien mieux valu que cet évanouïssement eût terminé sa vie! Malgré la foiblesse qu'il lui avoit causée, elle se leva comme une furieuse, & se jetta sur mon épée, qu'elle tira du fourreau avant que j'eusse le tems de m'en appercevoir: je l'avois mise, suivant ma coûtume, sur une chaise en entrant dans la chambre, parce que je croiois n'en devoir sortir qu'après avoir soupé. Elle s'en seroit percée infailliblement, si je ne me fusse jetté sur elle pour l'arrêter. J'eus besoin de toute ma force; & ce fut avec des difficultez infinies, que je la fis asseoir dans un fauteuil, en lui tenant les mains, de peur qu'elle n'attentât sur elle-même de quelqu'autre maniere. Après y avoir demeuré plus d'un quart-d'heure sans me dire une seule parole, je vis que les larmes commençoient à cou-

couler de ses yeux; elle me pria d'un ton assez doux, de lui laisser les mains libres, en m'assurant qu'elle n'useroit pas mal de cette liberté. Je lui dis: Qu'est-ce donc, Mademoiselle, qui a pu vous causer tant d'agitation? Je vous parle depuis un quart-d'heure, vous ne me répondez pas; craignez vous de me confier vos peines? Non, Monsieur, me répondit-elle, mon dessein n'est pas de vous rien cacher. Ecoutez moi, je vais vous ouvrir mon cœur. Mon amant m'abandonne, le Soleil n'a peut-être jamais éclairé de perfidie si lâche & si noire: le Ciel l'en punira, il me doit cette justice. Dans le premier transport où cette funeste nouvelle m'a jettée, j'étois capable de me donner la mort, si vous n'aviez arrêté mes mains: oui, il est certain que j'allois me la donner; mais c'est cette pensée même, qui m'a ouvert les yeux tout d'un coup sur l'excès de ma folie. Je n'ai pas plutôt été assise sur ce fauteuil, que mes regards sont tombez sur votre épée, que je vois encore là toute

 nue.

nue. J'ai frémi, comme si je l'eusse déja sentie dans mes entrailles. Je ne sais comment il est arrivé que d'un moment à l'autre, la raison m'est revenue. J'ai fait plus de réfléxions dans l'espace d'un demi-quart-d'heure, que je n'en ai fait dans toute ma vie. En un mot, vous me voiez non seulement résolue de vivre, mais de renoncer à l'amour, à la haine, & au monde même, s'il se peut; car je n'ai plus d'autre parti à prendre, aidez moi dans mon dessein, je vous devrai deux ou trois fois la vie. J'ai une tante à l'Abbaye de P. R qui n'est qu'à quelques lieues de Paris. Elle m'aime, & je suis sûre qu'elle me fera recevoir volontiers dans cette Maison. Je veux l'aller voir promptement, lui faire l'aveu de toutes mes foiblesses, & lui demander le moien de les réparer. Le Ciel qui m'inspire ce dessein, applanira les difficultez. Que dites-vous de tout cela, ajoûta-t elle en me regardant? Je lui répondis que j'avois peine à le comprendre, & que je ne pouvois assez l'admirer. Mais, lui dis je,

Mademoiselle, s'il m'est permis de faire quelque refléxion sur un si beau dessein, il me semble que l'embarras où vous étes, y mettra quelque obstacle: vous ne songez point que vous portez un fardeau dont il faut vous délivrer auparavant. Bien entendu, reprit-elle; & c'est sur quoi j'ai principalement besoin de votre secours. Nous verrons ensemble par quels moïens nous pourrons préparer ma tante à recevoir ma premiere visite? car mes freres l'auront prévenue sans doute sur mon évasion. Pendant que je traiterai avec elle, mes couches s'avanceront, & me laisseront enfin la liberté que je désire. Permettez-moi de prendre maintenant un peu de repos; j'ai besoin de me remettre de l'agitation où vous m'avez vûe.

Qui n'auroit cru comme moi après un discours si tranquile & si sérieux, que cette infortunée Demoiselle étoit entiérement revenue à elle-même, & que ses résolutions étoient sinceres? Il ne vous paroîtra pas croiable qu'une femme dans le fort de sa passion ait pu pousser la dissimulation si loin. Je la quittai, après avoir recommandé à sa femme de chambre de la faire mettre au lit. Elle consentit à tout ce qu'on voulut: lorsqu'elle se fut couchée, elle ordonna sans faire paroître la moindre émotion, qu'on la laissât seule. La femme de chambre sortit. Je me retirai dans mon cabinet où je m'occupai de quelque lecture. Environ deux heures après, la maîtresse du logis vint à moi toute effraiée, avec la femme de chambre, qui étoit pâle comme la mort. Ah! Monsieur, me dirent-elles, il est arrivé quelque malheur. Nous avons vû tomber plusieurs gouttes de sang du plancher de la chambre de Mademoiselle. Nous sommes allées à sa porte, nous l'avons trouvé fermée, elle en a tiré la clef: nous avons heurté assez fort, elle refuse d'ouvrir & de répondre. Venez vous-même, & dites nous ce qu'il faut que nous fassions. J'y courus sur le champ: je frappai rudement à la porte, on ne répondit point. Alors sans balancer, je pris une longue buche que je glis-

glissai entre le seuil & la porte ; & du premier effort je la levai de dessus ses gonds. Nous entrames, & nous vîmes le plus affreux spectacle du monde. Des flots de sang couloient du lit sur le plancher. Je m'approchai ; la pauvre Demoiselle étoit couchée sur le dos sans vie & sans mouvement : elle s'étoit enfoncée dans le cœur le couteau dont elle avoit coûtume de se servir à table. Je le tirai promptement de la plaie où il étoit encore. Les deux femmes commencerent à jetter des cris ; je les fis taire, en leur faisant entendre qu'elles alloient se perdre, & moi avec elles. Je les envoiai chercher de l'eau, pour laver les traces du sang. Pendant qu'elles y travailloient de toute leur force, je jettai les yeux sur la table, & j'apperçus un papier : je le pris, & j'y lûs ces mots.

„ Trop généreux Mousquetaire ;
„ Je vous demande pardon de vous
„ avoir trompé. Il m'étoit impossi-
„ ble autrement d'exécuter le des-
„ sein que j'ai pris de mourir. Vo-
„ tre aveugle amitié pour une mal-

 „ heu-

„ heureuse vous empêcheroit de „ voir que la mort lui est devenue „ nécessaire dans l'horrible état où „ elle est réduite ; & croiant me ser„ vir, vous augmenteriez mes maux „ en me conservant la vie malgré „ moi. Adieu. Je meurs contente. „ Le Ciel qui ne punit que les cri„ mes, aura pitié de mon ame. Je „ n'ai d'inquiétude que pour le „ malheureux fruit qui est dans mon „ sein. Je crois que si l'on me fait „ ouvrir promptement après ma „ mort, on pourra le baptiser. J'au„ rai soin de me donner le coup „ vers le cœur, pour épargner ce „ pauvre petit innocent. Adieu, gé„ néreux Mousquetaire, j'emporte „ une parfaite reconnoissance de „ tous vos bienfaits.

Cette lettre me pénétra d'horreur, de pitié & d'admiration. J'étois si saisi, que je ne savois à quoi me déterminer. Cependant le péril étoit pressant. J'envoiai mon valet de chambre avertir un Chirurgien voisin, de se rendre sur le champ chez moi, avec les instrumens nécessaires pour une opération dangereuse.

Il vint auſſitot : je lui fis promettre le ſecret avant que de l'introduire dans la chambre ; & lui aiant raconté en peu de mots ce qui venoit d'arriver, je lui fis commencer l'opération en ma préſence. Elle fut heureuſe. L'enfant avoit aſſez de vie pour m'aſſurer que nos ſoins n'étoient pas inutiles. Il mourut une demi heure après. Je fis porter pendant la nuit les deux corps au Cimetiere de Saint Nicolas des champs. On les paſſa par deſſus la muraille, à l'aide de quelques échelles, & je les fis enterrer à mes yeux dans une même foſſe.

Cette funeſte avanture fit ſur moi des inpreſſions terribles. Elle ſervit ſurtout à me dégoûter du commerce des femmes ; & je réſolus d'y renoncer entierement. Je commençai par changer de demeure : je pris un appartement au Fauxbourg Saint Germain, dans la rue de la Comédie. Les huit premiers jours je demeurai comme abſorbé dans ma chambre, uniquement occupé du tragique évenement dont j'avois été témoin. Mais j'étois né pour les avantures, & j'en avois bien encore à essuier avant que de devenir tranquile.

Je fis connoissance à la Comédie avec le Marquis de Sévigny, fils de la célebre Marquise de ce nom. Il étoit de mon âge. Notre amitié se forma sans préparation. Nous avions à peu près les mêmes goûts & les mêmes penchans. Dès le premier jour de notre connoissance, nous liames une partie de plaisir pour le lendemain. Elle s'exécuta très-agréablement. Il amena avec lui Monsieur Racine, qui s'étoit déja fait connoître par ses belles Tragédies, & Monsieur l'Abbé de Cogan; qui passoit pour un très bel esprit. M. Racine nous apprit qu'il devoit être reçu deux jours après à l'Academie Françoise. Il nous récita le discours qu'il avoit préparé pour sa réception. Nous en critiquames plusieurs endroits, qu'il eut la complaisance de changer en suivant nos conseils. Le Marquis de Sévigny avoit l'esprit très fin & très agréable. On n'a jamais tourné mieux que lui une polislissonnerie: le ton de sa voix, l'air délicat & badin dont il s'exprimoit, donnoit de la grace à ses moindres paroles: il étoit passionnément épris d'une Comédienne qui épuisoit sa bourse par les folles dépenses qu'elle lui faisoit faire. Il nous proposa après souper, c'est-à dire vers minuit, d'aller rendre visite à sa maîtresse: nous y fumes tous ensemble; elle ne faisoit qu'arriver chez elle dans un carrosse qu'elle tenoit de la libéralité du Marquis. Malgré les obligations qu'elle lui avoit, elle parut choquée de ce qu'il lui amenoit trois personnes inconnues à une telle heure. Il me semble que tu veux bouder, lui dit Sévigny: sais tu que je t'amene un Académicien qui t'a fait Reine plus d'une fois; un Mousquetaire qui paie fort régulierement ses quinze sols au parterre; & un Abbé qui joue la Comédie presque aussi bien que toi? Allons, Monsieur l'Abbé, dit il à l'Abbé de Cogan, paroissez sur la scene. Mademoiselle fit hier le rolle d'Iphigenie, vous, faites le personnage d'Abbé; vous êtes Ecclésiastiſiaſtique à peu près comme elle eſt Princeſſe. Il faut, s'il vous plaît, que vous nous donniez tous deux un plat de votre mêtier. Cette tirade d'éloquence fit rire la Comédienne, & la mit en bonne humeur. On ne parla plus que de rire, & l'on executa le projet du Marquis, qui étoit de faire déclamer quelque ſcene de Racine à l'Abbé de Cogan; il y conſentit. Nous lui mîmes une perruque, un habit galonné, &c. pour faire le rolle de Titus. Je n'ai jamais ri de ſi bon cœur. La Comédienne faiſoit Berenice d'une maniere enchantée. Le pauvre Abbé qui n'avoit jamais exercé ſon talent pour la parole, que dans quelque miſérable Sermon, exprimoit les agitations de Titus avec un ridicule achevé. Nous paſſames ainſi une partie de la nuit, & nous nous ſéparames en promettant à Monſieur Racine d'aſſiſter à la cérémonie de ſa reception à l'Académie.

Nous lui tînmes parole. La ſalle étoit remplie de quantité de perſonnes de la premiere diſtinction, que la réputation du nouvel Académi-

cien

cien y avoit attirées. Il faut avouer que Racine charma tous ses Auditeurs. Il étoit bel homme; il déclamoit bien, son discours étoit bien composé; à peine put-il répondre à l'empressement de tous ceux qui venoient l'embrasser, & le féliciter de son succés. Je ne lui dis que deux mots à l'oreille pour l'inviter à souper. Il me promit de s'y rendre. J'avois eu soin de prier auparavant Monsieur Boileau, que je connoissois, & Monsieur de Moliere que je ne connoissois pas; mais à qui le Marquis de Sévigny avoit fait le compliment de ma part. Il amena encore le Chevalier de Méré, & l'Abbé Genest; de sorte que nous nous trouvames sept à table, & de la meilleure humeur du monde. Monsieur Boileau nous raconta qu'étant à Versailles quelques jours auparavant, il avoit eu une plaisante querelle avec Monsieur Mocolieri Envoié de Venise: celui-ci lui reprocha comme une marque de mauvais goût, d'avoir traité les beautez du Tasse de clinquant. Monsieur Boileau ne se défendit

d'abord

d'abord qu'en badinant; mais l'Envoié continuant à lui dire d'un ton fort serieux, que cette raison avoit pourtant empêché les Académiciens della Crusca de Florence, de lui offrir une place dans leur Corps, comme ils l'avoient résolu; qu'après avoir examiné la chose dans une de leurs assemblées, ils avoient conclu que ce seroit deshonorer leur nation, que d'accorder cette marque d'honneur à une personne qui avoit décrié le plus bel esprit d'Italie. Boileau piqué de ce discours, répondit en vrai satyrique: Si j'ai traité si mal le Tasse, qui de l'aveu de Messieurs de la Crusca est le plus bel esprit d'Italie, jugez quelle idée je dois avoir de ceux qui se reconnoissent inferieurs à lui; & concluez de là, que l'estime ou le mèpris des Académiciens de Florence, est une chose fort indifferente pour moi. Monsieur Mocolieri s'échauffa la dessus, & traita Boileau de petit Poëte superbe; Boileau appella l'autre petit Italien ignorant. Quelques personnes de distinction qui étoient présentes fu-

furent obligées de leur imposer silence pour arrêter cette querelle.

Nous applaudimes aux réponses de Monsieur Boileau ; & les réflésions que nous fimes sur son histoire, nous conduisirent à parler d'une foule de mauvais Ecrivains qui inondoient alors Paris. Tous les Convives lâcherent quelques traits plaisans, & Boileau surtout triomphoit sur cette matiere. Pradon, Boursault, Perrault, & quantité d'autres ne furent point épargnez. Monsieur le Chevalier de Méré qui étoit d'une humeur assez grave, nous dit que quoiqu'il trouvât fort raisonnable la coutume du Roiaume, qui ne permet point qu'un livre soit imprimé, s'il n'a subi l'examen des Censeurs, il lui sembloit néanmoins que l'interêt du Public demandoit quelque chose de plus : Qu'il faudroit que tous ceux qui se laissent surprendre à la demangeaison d'écrire, fussent obligez de faire preuve de leur capacité ; & qu'au lieu qu'on examine l'ouvrage pour en permettre l'impression, on commençât par examiner

l'Aul'Auteur, pour lui permettre de composer l'ouvrage.

Cette pensée fut trouvée fort judicieuse, & fort convenable aux besoins présens de la République des Lettres. On chargea Monsieur de Moliere de dresser un Placet qui seroit présenté à Monsieur le Chancelier pour lui demander cette réforme dans la Littérature. Nous badinames ainsi trés-agréablement le reste de la soirée.

Le lendemain, Monsieur Racine qui avoit pris quelque amitié pour moi, me proposa d'aller promener avec lui jusqu'à l'Abbaye de Port-Roial des Champs, où il avoit une proche parente, & quantité d'amis. Le plaisir de l'accompagner & la réputation de cette célebre Abbaye, m'y fit consentir volontiers. Nous y fumes reçus à merveille. On nous y retint quelques jours : Monsieur Arnauld qui y étoit alors, me fit mille caresses. Comme j'avois l'esprit assez cultivé pour un homme de mon âge, il prit plaisir à m'instruire du sujet des fameuses contestations qui divisoient alors l'Eglil'Eglise de France : il me fit même goûter ses sentimens ; & je puis dire que j'etois à demi Janseniste, lorsque je quittai cette Maison. La Mere Agnès qui étoit parente de Monsieur Racine, prit fort à cœur ce qu'elle appelloit ma conversion. Elle avoit beaucoup de brillant dans la conversation, & plus de solidité d'esprit. Elle me fit promettre de retourner de tems en tems pour la voir. Je fus obligé quelques mois après de chercher un asile dans cette Abbaye, pour éviter les suites d'une avanture qui a renversé ma fortune.

Etant retourné à Paris, je trouvai une lettre de Mademoiselle de Colman. Elle n'étoit point signée de son nom, & c'étoit l'unique que j'eusse reçûe d'elle ; de sorte que je ne pus connoître d'où elle venoit, que par sa lecture. C'étoient des reproches d'avoir laissé passer tant de tems sans la voir, & des plaintes de la peine que je lui avois fait prendre pour découvrir le lieu de ma demeure. Quelque résolution que j'eusse formée de renoncer absoluſolument aux femmes, ſon mérite me revint à l'eſprit, & renouvella les premieres impreſſions qu'il y avoit faites. Je trouvai d'ailleurs qu'il y avoit eu de l'impoliteſſe à l'abandonner ſi bruſquement, & je condamnai ma conduite. Je fus la voir dès le lendemain pour lui en faire mes excuſes. Elle me reçut avec une joie qui me fit aſſez connoître que j'étois bien dans ſon cœur ; ſa mere n'en marqua pas moins. J'eus la foibleſſe de reprendre mes anciens ſentimens ; mais comme je ne ſuis pas fait pour être heureux, ma tranquilité ne fut pas de longue durée.

Je voiois Mademoiſelle de Colman depuis deux mois avec beaucoup d'aſſiduité : ſa ſageſſe m'étoit connue ; ſi je l'aimois, j'étois ſûr d'en être aimé. Cependant la jalouſie s'empara tout d'un coup de mon ame, & vint empoiſonner toute ma ſatisfaction. Cruelle & funeſte paſſion ! Un jeune Abbé qui ſe faiſoit appeller de Levin, trouva le moien de s'introduire dans la maiſon de Madame de Colman. Je m'apperçus en en peu de jours du dessein qui l'y amenoit : ses frequentes visites, ses regards, son empressement, & mille autres choses, me firent trop connoître que j'avois un rival. Je fus indigné qu'un homme de cette sorte osât se mettre en concurrence avec moi. Je me croiois néanmoins si assuré du cœur de Mademoiselle de Colman, que je n'appréhendois rien de sa part. mais enfin ma bizarrerie ne me permit pas de souffrir qu'un Abbé entreprît de me le disputer. Je le tirai un jour à l'écart, & je lui dis d'un ton de maître, que je lui défendois de paroître jamais avec moi dans un même lieu ; & que s'il étoit assez hardi pour s'y trouver, je lui donnerois vingt coups de canne. La rougeur lui monta au visage : il me répondit que s'il avoit une épée, je ne lui parlerois pas si fierement. Je vous avoue que perdant toute patience à cette réponse, je lui donnai effectivement plusieurs coups d'un bâton que je portois à la main. Il me quitta sans ajoûter un mot, & ne se présenta plus devant mes yeux. Je crus

crus que la honte & la crainte l'avoient fait disparoître : quelques mois se passerent. J'étois si charmé de Mademoiselle de Colman, que j'avois pris la résolution de l'épouser. Il falloit obtenir le consentement de mon pere; mais j'esperois qu'en faveur des richesses il passeroit sur l'inégalité de la naissance. Je me disposois à lui demander cet aveu, lorsqu'un jour au matin mon valet vint m'annoncer un inconnu qui souhaitoit de me parler un moment. J'étois à m'habiller : je lui fis dire d'entrer. Son visage se renouvella tout d'un coup dans ma mémoire; & quoiqu'il fut sous les habits d'un homme d'épée, je le reconnus facilement pour ce même Abbé que j'avois maltraité trois mois auparavant. Si vous me reconnoissez, Monsieur, me dit-il d'un ton ferme, vous devez concevoir le dessein qui m'amene chez vous : je suis celui que vous outrageâtes indignement il y a trois mois sous l'habit & sous le nom de l'Abbé de Levin. J'ai quitté l'Eglise exprès pour en tirer raison.

Choi-

Choisissez le tems, le lieu, & les armes.

Ce procedé me parut franc & généreux. Il est juste, mon Brave, lui repartis-je, que je vous satisfasse : l'honneur offensé veut du sang. Ne remettons pas à un autre jour ce que nous pouvons executer dès ce moment. Pour les armes nous nous servirons, si vous voulez, de nos épées. Je vous laisse le maître du lieu. Nous convinmes de nous rendre à dix heures par des chemins différens, sur le bord de la Seine, du côté de la Grenouillere. Nous y arrivames presque en même tems. Nous nous battimes un demi-quart-d'heure sans avantage : je fus blessé le premier d'un coup leger à la cuisse ; mais plus heureux que mon adversaire, je lui enfonçai aussitôt mon épée au travers du corps ; il tomba en disant : Je suis mort. Je crus d'abord qu'il l'étoit ; & j'allois jetter le corps dans la riviere, mais je m'apperçus qu'il respiroit encore. La compassion m'obligea d'aller chercher du secours aux maisons les plus voisines. Ce fut la cause de ma perte: car s'il fût mort sur le champ, on auroit ignoré qui étoit l'auteur du coup. J'avertis quelques personnes que je rencontrai, d'aller promptement le secourir, & je me retirai pour éviter d'être reconnu; mais mon ennemi n'eut pas la générosité de cacher mon nom en mourant. On sut le jour même dans tous les endroits de Paris, que je m'étois battu, & que j'avois tué mon homme.

J'étois resté néanmoins dans la ville: mais mes amis me conseillerent de sortir, & de chercher une retraite. Comme il étoit à craindre qu'il n'y eût déja quelques ordres pour m'arrêter à la poste, je pris le parti de me déguiser en paysan, & je me rendis dans cet équipage à l'Abbaye de Port-Royal sans avoir communiqué mon dessein à personne. J'y fus bien reçu: Monsieur Arnauld y étoit encore: je lui découvris mon malheur: il me fit des reprimandes séveres sur l'action peu chrétienne que je venois de faire, & me cita quantité de passages de l'El'Ecriture & des Peres, pour me prouver qu'il n'est pas permis de donner la mort à son prochain. C'est une verité que je n'ignore pas, lui dis je; mais quel parti voulez vous que prenne un pauvre Gentilhomme dans les circonstances où je me suis trouvé? Vous savez les loix de l'honneur. Je sais encore mieux les loix du Christianisme, répondit séverement monsieur Arnauld: vous avez maltraité injustement votre adversaire, il ne falloit pas rougir de l'appaiser par des soûmissions: si vous appréhendiez que cela ne vous fît quelque tort dans le monde, vous aviez un moien d'éloigner de vous tout soupçon de lâcheté; c'est de vous bien battre à la guerre. C'est là que la bravoure est permise. Le monde tout injuste qu'il est, n'accusera point de lâcheté un Officier qui évite les duels, si cet Officier fait son devoir dans l'occasion pour le service de son Prince & de sa Patrie. On distingue aisément la poltronerie d'avec la religion & la sagesse. Supposons qu'un homme de guerre, non seulement brave dans les combats & dans les sieges de ville, mais honnête homme & bon Chrétien dans le cours de sa conduite, vienne à refuser un duel, il n'y aura personne qui n'interprête bien ses motifs, & qui ne juge que ce qui l'arrête est le même sentiment de Religion, qui est la regle de toutes ses autres actions. Mais j'avoue qu'un débauché qui éviteroit de tirer l'épée dans la même occasion, seroit soupçonné justement d'être un poltron & un lâche ; parce qu'il n'est pas naturel de croire que l'amour du devoir le conduise alors, lui qui fait profession d'en violer ailleurs toutes les loix. L'importance est donc d'être honnête homme & Chrétien : on ne se trouve jamais exposé à l'infamie, parce que la probité & le Christianisme s'accordent toujours avec les droits du veritable honneur.

Voilà de quelle morale j'étois régalé tous les jours au Port-Royal. J'y passai plus de six semaines. Monsieur Arnauld y venoit souvent avec d'autres Ecclecléſiaſtiques, dont j'ai oublié les noms. Il y en avoit outre cela pluſieurs dans l'Abbaye qui étoient regardez comme les oracles du parti Janſenien, & qui menoient une vie très-reglée & très-édifiante; de ſorte que je n'étois pas ſans compagnie.

Pendant ce tems-là, mes amis s'emploioient de toute leur force pour me faire obtenir ma grace du Roi. Si l'Evêque de Marſeille mon oncle eût été en France, j'aurois réuſſi plus facilement par ſon credit, mais le Roi qui l'honoroit d'une parfaite confiance, l'avoit envoié en qualité d'Ambaſſadeur extraordinaire à la Cour de Pologne, pour travailler à faire élever ſur le trône le Grand Maréchal Jean Sobieski. Je trouvai néanmoins des protecteurs ſi puiſſans & ſi zelez, qu'ils vinrent à bout de perſuader à Sa Majeſté, que mon affaire n'étoit rien moins qu'un duel; que j'avois été attaqué en revenant de la chaſſe, & que j'avois tué mon en-

ennemi en me défendant. Comme le sujet de notre querelle n'avoit été connu de personne, cette explication passa enfin pour constante, & j'eus la permission de revenir à Paris. J'obtins quelque tems après mes Lettres d'abolition avec les formalitez ordinaires.

Fin du Second Livre.

ME-

MEMOIRES DU MARQUIS DE ***

LIVRE TROISIEME.

LE Comte de Rosambert continua à me raconter la suite de sa vie, c'est-à dire, le fameux duel où il eut encore le malheur de tuer un de ses ennemis: sa fuite dans les pays étrangers: ses diverses courses: son arrivée en Allemagne, où il se mit au service de l'Empereur. Il me fit la rélation du siége de Vienne, auquel il avoit assisté; de la prise de Bude, & de la défaite de l'armée Ottomane.

Enfin il poursuivit sa narration jusqu'au tems de sa vie où il étoit alors. Comme j'ai appris que toutes ces particularitez ont été données au Public depuis sa mort, je ne grossirai point ces Memoires par un récit qu'on peut trouver ailleurs. Il me suffit d'ajoûter que le Roi toujours inéxorable pour les duels, ne voulut jamais consentir à lui faire grace. Il fit entendre seulement à Monsieur de Janson, qui avoit été nommé à l'Evêché de Beauvais en 1679. & qui venoit alors d'être fait Cardinal par le Pape Alexandre VIII. qu'on ne feroit aucune recherche de son neveu, pourvû qu'il demeurât en France sous un nom emprunté, & qu'il tînt une conduite sage & tranquille. Le Comte finit son recit en me disant que son dessein étoit d'aller servir dans l'armée d'Italie, & qu'il esperoit que le Roi lui accorderoit de l'emploi. Il obtint en effet la Majorité d'un Régiment étranger; & partit quelque tems après, pour aller joindre l'armée de Monsieur de Catinat. Mais avant son départ, nous

nous passames encore quelques mois à Paris dans nos divertissemens ordinaires. Nous évitions le grand monde & les nombreuses compagnies. Si nous rendions quelques visites, c'étoit à des Religieux de mérite, ou à quelques beaux esprits de Paris, dont la conversation pouvoit nous instruire. Nous allions voir assez souvent par cette raison le P. Bouhours Jesuite du College de Louis le Grand, qui nous entretenoit avec cette politesse qui faisoit son caractere. Il nous fit présent de quelques-uns de ses ouvrages. Je dois dire ici pour l'honneur de sa mémoire, qu'il n'a jamais manqué d'inserer dans nos conversations quelques réfléxions de piété, & qu'il les tournoit si agréablement, que nous l'écoutions quelquefois plus d'un quart-d'heure sans l'interrompre. Un jour qu'il nous avoit conduit dans la Bibliotheque, & que j'en examinois les livres avec beaucoup d'attention, il me demanda pour quelle espece de livres j'avois le plus d'inclination. Je lui répondis que j'aimois beaucoup un bon livre de Morale, où les détours du cœur humain fussent bien expliquez; les avantages de la vertu, & les douceurs d'une vie reglée, exposez dans tout leur jour; enfin un livre où ce qui peut faire le vrai bonheur de l'homme fut bien traité. Je suis charmé, me dit le Pere Bouhours, de vous voir dans un si bon goût. J'en conclus qu'infailliblement votre cœur est porté à la vertu; que vous étes maintenant un honnête homme, & que vous serez quelque jour un Saint. Je me mis a rire. Voilà, repris-je, un jugement bien flateur pour moi. Mais savez-vous, mon Pere, que ce n'est que par l'esprit que je pense si bien; & qu'en même tems que j'estime la sagesse & la vertu, j'ai toutes les peines du monde à la pratiquer. Cela n'est pas surprenant, repliqua le Pere Bouhours; vous étes jeune; la nature a ses droits, il en coûte à votre âge pour la combattre, trop souvent même elle triomphe de la religion & de la raison. Mais quelque supériorité qu'elle puisse prendre sur ces deux regles de notre conduite; elle

elle ne les effacera jamais entierement dans un cœur tel que je viens de connoître le vôtre. Je vous défie, par exemple, continua-t-il, du caractere dont vous étes, de vivre jamais tranquilement dans le desordre : vous sentirez malgré vous des remords, & quand vous commettriez les plus grands crimes, votre cœur regrettera toujours la vertu.

Une connoissance très agréable que je fis encore par le moien du Comte de Rosambert, fut celle de Monsieur Racine. Je n'ai guéres vû d'homme dont l'esprit fût plus cultivé, & les manieres plus polies. Il nous dit qu'il devoit le caractere tendre & gracieux, qu'on admire dans ses Tragedies, à la tendresse qu'il avoit pour son épouse, & à celle dont elle étoit remplie pour lui : que lorsqu'il avoit à traiter quelque endroit tendre & touchant, il montoit à la chambre de cette chere épouse, & qu'un moment de son entretien & de ses caresses lui mettoit le cœur dans la situation qu'il falloit pour produire les plus beaux sentimens. Il nous lût quelques endroits de l'Histoire de Louïs le Grand, à laquelle il étoit chargé de travailler. Nous ne pumes refuser des éloges à la beauté du stile; mais il nous parut que les louanges du grand Monarque y étoient trop souvent répandues; & nous jugeames que si cet ouvrage étoit un jour donné au Public, on ne le liroit tout au plus, que comme un beau panegyrique.

Le Comte de Rosambert aiant enfin obtenu l'emploi qu'il sollicitoit, partit de Paris pour se rendre dans le Piedmont, & me laissa beaucoup de regret de son éloignement. Nous nous promimes mutuellement de nous aimer toujours. Je n'aurois pas balancé à prendre le même parti, si j'en eusse eu la liberté, mais il falloit attendre nécessairement, que le Noviciat de mon pere fût expiré, pour mettre quelque arrangement dans mes affaires. Mon dessein étoit d'aller rejoindre ensuite mon ami, & de faire mes épreuves militaires sous sa conduite. La fortune en disposa autrement. Je ne le revis que plusieurs années a-

près

près notre séparation, comme je le rapporterai dans le cours de ces Memoires, & nous eumes l'un & l'autre quantité d'avantures facheuses à essuier dans cet intervale.

J'appris du Pere Prieur des Chartreux, avec qui j'avois toujours entretenu un commerce de lettres, le tems où mon pere devoit faire la Profession religieuse. Je me rendis en Province pour assister à cette triste cérémonie. Je voulois le voir avant qu'il prît le dernier engagement, & je fis tous mes efforts pour cela; mais son parti étoit pris, il me fit répondre qu'il m'étoit inutile d'y penser, & que je n'aurois la satisfaction de le voir que le lendemain de la prononciation de ses vœux. Il fallut en passer par là. J'assistai donc à cette fête lugubre. L'Eglise étoit remplie d'une foule de personnes de toutes les conditions, que la curiosité y avoit attirées. Je ne pus retenir mes larmes en voiant un pere qui m'étoit si cher, avec un visage pâle, & déja défiguré par la pénitence: mais ce fut bien autre chose, lorsque je l'entendis prononcer la fatale Formule. Je sentis des déchiremens qui m'obligerent de sortir du Chœur par une porte de derriere. Il étoit le seul qui ne paroissoit pas ému : sa piété & sa constance firent l'admiration de tout le monde, & l'on n'en parloit qu'avec étonnement. Ce jour sera toujours cher & douloureux à ma mémoire :

. . . : Quem semper acerbum,
Semper honoratum, sic Dii voluistis, habebo.

Il consentit le jour d'après à recevoir ma visite. Je me jettai à ses genoux, que je tins long-tems embrassez. Il me fit relever d'un visage riant ; nous nous assimes. Le Pere Prieur qui étoit avec nous, voulut que nous dînassions ensemble. Nous ne parlames pendant le repas que de la douceur d'une sainte solitude & de la vanité des plaisirs du monde, quand on les compare à ceux que donne la vertu. Le Pere Prieur qui étoit un homme de Dieu, nous raconta plusieurs traits édi-

édifians de quelques personnes de condition, qui avoient préferé, comme mon pere, le service de Dieu aux avantages du siecle. Nous tombames ensuite sur l'histoire de saint Bruno; & comme j'avois quelque difficulté à croire les trois apparitions du Docteur, le Pere Prieur nous dit qu'il se trouvoit à la vérité des personnes qui doutoient de ce fait; mais qu'après tout, ce n'étoit point ce qu'il y avoit de plus admirable dans la conversion de saint Bruno; qu'il y a quelque chose de plus grand dans le changement du cœur, & des inclinations d'un homme dereglé, que dans la résurrection d'un mort: que cependant il ne falloit point aussi revoquer en doute tous les faits qu'on a de la peine à expliquer: que Dieu a ses raisons de permettre quelquefois les événemens les plus extraordinaires. Là dessus il nous rapporta une chose fort singuliere, qu'il avoit apprise recemment.

Dans une petite ville de cette Province, nous dit-il, une Dame assez riche étoit demeurée veuve dans un un âge peu avancé: elle n'avoit qu'un fils qu'elle éleva dans la crainte de Dieu ; & la tendresse qu'elle avoit pour lui, l'empêcha de penser à un second mariage. Lorsque ce fils eut atteint un certain âge, elle le mit chez un Procureur, pour lui faire prendre une teinture des affaires. Ce jeune homme étoit si sage & si appliqué, que le Procureur prit une entiere confiance en lui. Un jour il lui mit entre les mains quelques papiers de consequence, qu'il n'avoit pas le tems de serrer lui même, & lui recommanda de les garder soigneusement. Pour les mettre en sûreté, le jeune homme les cacha dans un lieu secret de sa chambre. Quelque tems se passa sans que le Procureur pense à redemander ses papiers; il les redemande à la fin, les papiers ne se trouvent plus: le Procureur se plaint, gronde, menace; enfin voiant que rien ne paroissoit, il fait saisir le jeune homme, & le fait mettre en prison. Il ne s'agissoit de rien moins que de la corde, c'étoit un vol domestique; & d'ailleurs la fortune de quelques

fa-

familles étoit attachée à ces papiers. La mere qui apprit le malheur de son fils, en fut inconsolable. Elle pria le Ciel, elle invoqua tous les Saints, mais tout cela inutilement. Le fils de son côté protestoit de son innocence, & juroit qu'il n'étoit coupable que d'un pur oubli; il ne pouvoit se souvenir de l'endroit où il avoit placé le dépôt qu'on lui avoit confié. Cependant comme en Justice on n'a point d'égard à l'intention, le châtiment alloit suivre de près cette faute involontaire. La mere affligée, sortant de sa maison pour aller solliciter le Lieutenant Général en faveur de son fils, fait rencontre d'un homme fort bien mis, qui s'arrête à la considérer, & lui demanda la cause de ses larmes qu'il voioit couler: elle lui raconte la triste avanture de son fils. N'est ce que cela? lui dit l'inconnu; venez, je mettrai remede à tout. Il la fait rentrer chez elle, lui demande de l'encre & du papier, écrit une lettre qu'il lui donne pour le Lieutenant Général, en l'assurant qu'il étoit si fort de ses amis, qu'il ne lu lui refuseroit rien en son nom. La Dame se rend aussitôt chez son Juge, il étoit seul dans son cabinet. On la fait entrer, elle présente sa lettre. Le Lieutenant Général ne l'eut pas plutôt lûe, qu'il tomba évanoui. La Dame appelle du secours, les domestiques montent; & voiant leur Maître dans cet état, ils s'imaginerent que cette étrangere avoit usé de maléfice: ils commençoient déja à la maltraiter, lorsque le Lieutenant Général revenant à lui-même, & ouvrant les yeux, leur ordonna d'arrêter. Elle n'est pas coupable, leur dit il; mais voici une des plus étranges choses qui puisse arriver. Cette lettre que vous me voiez dans les mains, est de mon pere qui est mort depuis dix ans. Je ne saurois me tromper à son nom ni à son écriture. Il me marque que je suis à la veille de faire, sans le savoir, une injustice qu'il veut empêcher; Que le fils de cette Dame est innocent, & que la preuve en est aisée: que ce pauvre jeune homme a placé les papiers dans un endroit de sa chambre, dont il ne-

ne se souvient plus. La lettre désigne l'endroit. Allons voir sur le champ, s'il est vrai que les papiers y sont; nous n'aurons pas lieu de douter après cela que le Ciel ne se mêle de cette affaire. On ne perdit pas un moment pour aller chez le Procureur, & l'on trouva les papiers dans la chambre du jeune homme à l'endroit que la lettre avoit marqué.

Le Pere Prieur me parut fort persuadé de la verité de cette histoire. Je ne la contestai point. Je quittai mon pere à l'heure de Vêpres, après qu'il m'eût donné de sages instructions pour ma conduite, & qu'il m'eût permis de l'aller visiter de tems en tems.

La Comtesse qui étoit la seconde épouse de feu mon grand-pere, avoit toujours demeuré depuis sa mort dans le château qui commençoit à m'appartenir. Je n'avois garde de lui proposer d'en sortir. Je voulois vivre bien avec elle, & avec ses deux enfans qui étoient mes oncles. Elle m'avoit reçu fort civilement à mon arrivée de Paris. Je l'avois l'avois assurée de mon côté de mon respect & de mon attachement. Je m'occupai les premieres semaines après mon retour, à visiter pendant la matinée, les papiers, les contrats, & les vieux titres de la maison. L'après midi, j'allois à la chasse; ou bien je rendois visite à mon pere, & à mon grand pere maternel. Tant que ce train de vie dura, je fus fort tranquile: mais comme j'eus commencé à regler les comptes de mes domestiques, & à entrer dans quelque détail de mes revenus, & de la dépense de ma maison, la Brie me vint avertir un jour que Madame faisoit ses préparatifs pour se retirer avec ses enfans, & qu'elle alloit demeurer chez son pere, qui possedoit une petite terre à six lieues de chez moi. Ce changement me surprit. Cependant comme je n'y avois point donné d'occasion, je me consolai sans peine, sur-tout quand j'eus fait réfléxion qu'il étoit mal-honnète pour la Comtesse de former le dessein de me quitter sans m'en avoir rien communiqué. Je fis semblant d'ignorer

rer ce qui se passoit, & je ne changeai rien à mes manieres ordinaires.

La veille du jour qu'elle avoit choisi pour son départ, elle vint à ma chambre avec ses deux enfans: elle me remercia de toutes les honnêtetez que j'avois eues pour elle. Elle me dit que son pere lui aiant témoigné qu'il seroit bien aise qu'elle allât demeurer avec lui, elle ne croioit pas pouvoir se dispenser de lui accorder cette satisfaction; que son dessein étoit de partir le lendemain: qu'en se séparant de moi, elle n'en seroit pas moins disposée à me vouloir du bien, ni moins ma très-humble servante.

Je lui répondis que ce départ précipité me surprenoit beaucoup: que tant que je serois au monde, elle seroit la maîtresse du château, & de tout ce qui m'appartenoit: que j'aurois l'honneur de l'aller voir souvent chez Monsieur son pere, & de lui marquer par mes soumissions le profond respect que j'avois pour elle: que pour ce qui regardoit la succession de mon grand-pere, &

& ce qui lui devoit revenir, à elle & à ses enfans, nous n'aurions rien à démêler ensemble, parce que j'en passerois par tout ce qu'elle voudroit. J'embrassai mes deux petits oncles, & surtout le Chevalier qui étoit un enfant fort aimable. Nous nous séparames, & c'est la derniere fois que j'ai vû Madame la Comtesse. Elle se retira de bonne heure, sous prétexte qu'elle vouloit partir le lendemain de grand matin. Elle étoit partie effectivement, lorsque je me levai.

Je fus aussitôt faire part à mon grand-pere de ce qui s'étoit passé. Il n'y comprit pas plus que moi. Je demeurai à dîner chez lui. Sur les trois heures après midi, nous vimes Scoti arriver au grand galop sur un de mes chevaux. Je le connoissois sage. Je craignis qu'il ne fût arrivé quelque chose d'extraordinaire. Il vint aussitôt me dire d'un air effraié, que depuis une heure il y avoit quatre hommes au château qui souhaitoient de me voir; qu'il croioit que c'étoient des gens de Justice; qu'impatiens de mon absence, & dans

la

la crainte que je ne tardasse plus longtems, ils avoient montré un ordre du Conseil d.... en vertu duquel ils avoient apposé le scellé aux portes & aux fenêtres de tous les appartemens, à la reserve de ma chambre & des offices: que tous mes domestiques s'étoient assemblez pour convenir ensemble de ce qu'ils avoient à faire; & qu'avant que d'entreprendre aucune résistance, ils avoient cru devoir me donner avis de ce qui venoit d'arriver.

Je pris conseil de mon grand-pere, ne sachant à quoi attribuer un accident si bizarre. Il me répondit qu'il falloit d'abord nous assurer du fait par nos yeux. Nous nous rendimes au château sans differer. Les Huissiers qui apprirent que j'arrivois, vinrent au devant de moi avec un papier qu'ils me présenterent, en me signifiant de bouche ce qu'il contenoit. C'étoit un ordre du Conseil d.... qui portoit que dans le terme de huit jours j'eusse à sortir du château de Monsieur le Comte de.... où je faisois ma demeure sans aucun droit; & une assigna-

assignation à comparoître en Justice après les huit jours expirez, pour rendre compte des papiers & des meubles, qui étoient dans le château lorsque j'y étois arrivé.

Surpris d'une telle incartade au delà de ce qu'on peut penser, je priai les Huissiers de m'expliquer ce que cela signifioit, & ce que le Conseil d.... prétendoit par là. Ils m'apprirent que la Comtesse belle-mere de mon pere, me disant né d'un mariage qui s'étoit fait contre les loix du Roiaume, demandoit au nom de ses enfans, non seulement que je fusse declaré illegitime, & exclus par conséquent de l'héritage de mes peres, mais encore qu'il me fut défendu de porter leur nom: qu'elle avoit présenté sa Requête au Conseil d...., & qu'elle avoit obtenu par provision les deux Arrêts qu'ils m'étoient venus signifier: que c'étoit à moi à prendre des mesures pour fournir mes moiens de défense.

Le Chevalier mon grand-pere me dit que la résistance seroit inutile, & qu'il falloit se soumettre. Je réponpondis aux Huissiers, que j'examinerois cette affaire, & qu'ils pouvoient se retirer. Il y en eut deux qui me firent entendre qu'ils avoient ordre de demeurer. Dans l'embarras où j'étois, j'y consentis. Nous entrames dans ma chambre mon grand pere & moi; nous fimes quantité de réfléxions sur une affaire si sérieuse & si peu prévûe. Mais étant tous deux sans expérience dans la chicane & les procès, nous résolumes qu'il se mettroit sur le champ dans une chaise de poste, pour aller consulter les plus célebres Avocats de.... Il n'en rapporta que des décisions fâcheuses. Ils s'accorderent tous à répondre que le mariage étoit contraire aux loix: que mon pere avoit fait une faute irréparable, de ne l'avoir pas fait réhabiliter après son retour dans le Roiaume: que les Ordonnances étoient positives sur cette matiere; & qu'enfin ma cause étoit très-mauvaise. J'écrivis à Paris. Les Avocats du Parlement répondirent de même. Cependant pour ne pas paroître abandonner trop tôt mes droits, je mis ma cause entre les mains d'un Avocat fameux qui m'aſſura de tout ſon zele. Je me retirai chez mon grand-pere pour attendre la déciſion d'une affaire ſi importante. Heureuſement j'avois mis en dépôt chez lui en partant pour Paris, cinquante mille écus que mon pere avoit apportez du lieu de ma naiſſance, & qu'il m'avoit laiſſez en ſe retirant chez les Chartreux. C'eſt preſque l'unique choſe qui me ſoit reſtée des grands biens dont je me croiois le poſſeſſeur. La Comteſſe preſſa ſi vivement nos Juges, qu'au bout de quatre ou cinq mois elle obtint un Arrêt qui déclaroit ſes enfans uniques heritiers de Monſieur le Comte de .... & moi déchû de toutes mes prétentions. On m'accorda ſeulement par grace une penſion de mille écus ſur les biens qui m'étoient enlevez, & la permiſſion de porter pendant toute ma vie le nom de Marquis de .... que j'avois conſervé juſqu'alors. Je paſſe rapidement ſur ce coup funeſte, qui d'un des plus riches & des plus qualifiez Gentils-hommes de ma Province, me rendit en un inſtant le le plus miserable de tous les hommes. Les heritiers de la premiere Comtesse ma grand-mere vinrent à la charge quelque tems après, & me dépouillerent en vertu du même Arrêt, de ce que je possedois de ce côté-là.

J'évite encore une fois un souvenir qui m'est bien plus sensible à présent, que ne me le fut le malheur même dans le tems qu'il m'arriva, soit temperament, soit force d'esprit, j'en fus peu touché; la mort tragique de ma sœur, la perte de ma mere, la retraite de mon pere, le récit des avantures du Comte de Rosambert; tout cela joint ensemble m'avoit inspiré je ne sai quel dégoût de la vie, & un véritable mépris pour tous les biens qui dependent de la fortune. Il n'en fut pas de même de mon grand pere. Le chagrin qu'il eut de cette disgrace, joint à son grand âge, le conduisit en peu de tems au tombeau.

Je me trouvai ainsi presque sans aucun bien qui pût m'attacher au monde. Cette pensée faillit à m'y faire renoncer entiérement, pour ſuivre mon pere dans la ſolitude. Je conſiderois que dans la ſituation où j'étois réduit, je ne pouvois m'attendre qu'à une vie fort agitée. L'honneur ne me permettoit pas de ſonger à prendre un établiſſement dans la Province ; il falloit la quitter néceſſairement, & ſortir même du Roiaume, pour cacher mieux l'affront que je venois de recevoir. Les malheurs du Comte de Roſambert me revenoient à l'eſprit; je n'avois point de goût pour cette multitude de courſes, & d'avantures bonnes & mauvaiſes, qui ſont inévitables à une perſonne qui s'expatrie. Je concluois donc, qu'après avoir perdu tous mes biens, le mieux étoit de ſacrifier à Dieu ma liberté, qui étoit preſque l'unique choſe qui me reſtoit à lui offrir. La vie eſt ſi courte, me diſois-je à moi-même; les plaiſirs paſſent ſi vîte, & ſatisfont ſi peu ! D'ailleurs l'avenir eſt ſi obſcur pour moi, & j'ai ſi peu de raiſons d'eſperer une meilleure fortune! Ah ! prenons pour partage les biens du Ciel, qui ſont les biens certains ! Faiſons-nous

un

un mérite de notre choix, tandis qu'il peut être volontaire : car enfin après bien des mouvemens & des agitations, il en faudra revenir là. Vingt ou trente ans, quand je les supposerois passez dans les plaisirs, ne diminueront pas la nécessité de recourir un jour à Dieu. Pourquoi ne pas commencer dès aujourd'hui ce que je serai obligé de faire tôt ou tard ?

Pendant que j'étois dans ces irrésolutions, le Prince de la Tour-Taxis passa par . . . qui est une petite ville à deux lieues de l'endroit où j'étois. Il entendit parler de mon malheur. Peut être lui fit on un portrait avantageux de ma personne. Quoi qu'il en soit, il eut la générosité de s'interesser à ma fortune, & de m'envoier son Ecuier pour m'offrir ses services. Il est vrai qu'il prétendoit appartenir en quelque sorte à notre famille, & qu'il se faisoit honneur de cette parenté. Je fus le remercier moi-même de son attention. Il me fit un accueil très-honnête, plaignit mon sort, & tâcha de m'exciter à passer au ſervice du Roi d'Eſpagne, en me promettant ſa recommandation. Il me preſſa ſi fort, qu'il vint du moins à bout de m'ébranler. Je consentis à le ſuivre juſqu'à Bruxelles, en me reſervant néanmoins à prendre mon parti lorſque nous y ſerions arrivez. Il m'offrit de m'attendre, ſi je n'avois point d'affaires qui me retardaſſent trop longtems. Je ne lui demandai qu'un jour. Je l'emploiai à dire adieu à mon pere, & à mettre en ſureté les débris de ma fortune. Je convertis la meilleure partie de mon argent en lettres de change : je diſtribuai à quelques domeſtiques qui ne m'avoient point quitté, les meubles qui me reſtoient, & tout ce que je ne pus emporter. La Brie fut le mieux partagé : je devois cette récompenſe à ſa fidélité, & à ſes longs ſervices. Il étoit trop âgé pour pouvoir me ſuivre : Je lui donnai de quoi vivre doucement le reſte de ſes jours. Le pauvre homme étoit inconſolable de me voir partir ſans lui ; & lorſque je fus monté à cheval, il jetta des cris qui m'attendrirent.

Je

Je rejoignis le Prince de la Tour, accompagné du seul Scoti. Nous arrivames heureusement à Bruxelles. Je ne tardai point à lier connoissance avec plusieurs Officiers Espagnols, qui m'offrirent de l'emploi. Ils connoissoient mon nom. J'avois plus d'un parent qui tenoient un rang distingué dans les armées de leur Maître. Mais après y avoir mûrement pensé, je ne crus pas pouvoir avec honneur porter sitôt les armes contre la France. Je rappellai la délicatesse du Comte de Rosambert, qui avoit quitté le service de l'Empereur, lorsque la guerre fut déclarée entre la France & l'Empire; & je résolus de l'imiter. On parloit en ce tems-là d'un armement considérable que le Prince d'Orange faisoit en Hollande pour passer en Angleterre. Quoique ce Prince se gardât bien de déclarer ses desseins, personne ne doutoit qu'il n'eût en vûe de profiter des troubles de ce Roiaume, pour se mettre, s'il pouvoit, la couronne sur la tête. Il y étoit appellé par le peuple & par la plus grande partie des Seigneurs, que le Roi Jacques n'avoit point aſſez ménagé. Sa maiſon étoit remplie ſans ceſſe de ces Anglois mécontens, qui non ſeulement l'excitoient par la facilité qu'ils lui faiſoient voir dans cette entrepriſe, mais qui lui fourniſſoient même de grands ſecours d'argent pour accélérer les préparatifs. Je n'entrerai point dans un détail ſuivi de cette fameuſe expedition, à laquelle j'aſſiſtai. Il s'en eſt fait tant de relations, que le Public en eſt aſſez inſtruit. J'y ajoûterai ſeulement quelques circonſtances, dont j'ai été témoin, & qui ſerviront à faire connoître davantage le génie du Roi Jacques, & du Roi Guillaume.

Je me rendis à la Haye vers le mois d'Avril de l'année 1688. J'avois eu ſoin de prendre à Bruxelles des recommandations auprès de pluſieurs perſonnes diſtinguées à la Cour de Hollande. Ainſi je n'eus pas de peine à me faire introduire chez le Prince, à qui je fis offre de mes ſervices. Il les accepta avec beaucoup d'honnêteté, & il me promit.

mit de penser à moi dans la distribution qu'il devoit faire de quelques Emplois. Il se souvint de sa promesse huit jours après. M'aïant apperçu dans son antichambre où j'étois à me promener avec un Gentilhomme Anglois, il me fit appeller. Je suis informé, me dit il, de votre naissance & de vos bonnes qualitez. Si vous voulez vous attacher a moi, je vous offre la Lieutenance de mes Gardes, en attendant que vous me donniez occasion de faire pour vous quelque chose de plus. Je le remerciai très-humblement de tant de bonté, & je lui protestai qu'il n'auroit jamais lieu de se repentir de cette marque de confiance. J'entrai dès le lendemain en exercice. Mon zele & mon assiduité me firent distinguer du Prince dans la foule de ceux qui cherchoient ses bonnes graces, comme s'ils eussent déja prévû le bonheur qui devoit l'accompagner. Quinze jours avant celui qu'il avoit marqué pour le départ de la Flotte, il m'ordonna de passer en Angleterre pour y porter plus de quinze mille exemplaires d'une espece de Manifeste qu'il avoit fait imprimer à la Haye. Je devois les envoier dans les villes principales, à l'adresse de certaines personnes qui étoient dans les interêts du Prince, & qui se chargeroient de les répandre à la premiere nouvelle de son débarquement. Il rendoit compte aux Anglois dans cette Déclaration, du motif qui l'obligeoit d'entrer dans leur pays à la tête d'une armée. C'étoit l'affection qu'il avoit pour eux, le zele de la Religion, & l'envie de les délivrer des violences sous lesquelles ils gémissoient. Il protestoit qu'il ne feroit aucun quartier aux ennemis de la Religion & de la tranquilité publique: mais qu'il accorderoit toutes sortes de secours & de protection à ceux qui aimoient la paix & le véritable bien de la Patrie.

J'executai heureusement ma commission. Après quoi je me rendis sur la côte pour attendre l'arrivée du Prince. Je ne savois pas précisément où le débarquement se devoit faire, parce que cela n'avoit point en-

encore été résolu avant mon départ de Hollande. Mais j'appris bientôt que la Flotte, après avoir été retardée quelques jours par les vents, avoit enfin abordé à Tolbai & à Lime dans le Comté de Dorset. J'y fus joindre le Prince. Le Manifeste fut aussitôt répandu de tous côtez, & produisit des effets prodigieux. L'armée Hollandoise qui n'étoit que de treize ou quatorze mille hommes, tant cavalerie qu'infanterie, se trouva grossie tout d'un coup par la désertion de la plus grande partie des troupes du Roi. Milord Churchil, si célebre depuis sous le nom de Duc de Marlborough, le Prince George de Dannemarc, le Duc d'Ormond, & quantité d'autres Seigneurs de la premiere distinction, se rendirent à notre camp. Ce fut par eux que le Prince apprit que le Roi son beaupere s'étoit avancé dans le dessein de combattre jusqu'à Salisbery; mais qu'intimidé par la désertion de son armée, & craignant d'être trahi par le peu qui lui restoit d'Officiers & de soldats, il s'étoit hâté de re-

 pren-

prendre le chemin de Londres.

Le lendemain nous vîmes arriver des Députez de la part du Roi, pour proposer un accommodement. Le Prince répondit qu'il alloit à Londres, & qu'on traiteroit plus facilement lorsqu'il y seroit arrivé. Cette réponse obscure & générale acheva d'épouvanter le Roi Jacques. Il prit le parti de s'embarquer pour se retirer en France: mais aiant eu le malheur d'être repoussé sur la côte par les vents contraires, il fut arrêté, comme chacun sait, à Feversham. On en donna avis aussitôt au Prince, qui tint un Conseil extraordinaire de ses plus fideles serviteurs, pour prendre des mesures sur une affaire si délicate. Dès qu'il fut fini, il envoia ordre à ceux qui avoient arrêté le Roi, de le reconduire à Londres, & de le traiter avec tout le respect dû à la Majesté Roiale. Il dépêcha en même tems quantité de courriers de divers côtez. Sur le soir, il fit venir chez lui en particulier le Général Warnef Hollandois, pour lequel il avoit beaucoup de confiance; il eut avec lui

lui un entretien d'un quart d'heure, au bout duquel il m'appella lui-même par mon nom, & m'ordonna d'entrer. Il savoit que j'étois dans son antichambre: je me présentai. Alors nous prenant par la main le Général Warnef & moi, il nous mena au fond de son cabinet, & nous fit asseoir à ses côtez. Je vous connois, nous dit-il tout bas, pour des gens d'honneur, & qui m'êtes affectionnez; ainsi je ne vous recommande point de me servir avec zele & avec discrétion dans une affaire où il y va du tout pour moi. Le Roi doit être reconduit à Londres. Ceux qui l'ont empêché de passer en France, ont mal entendu mes interêts; mais c'est une faute dont j'espere tirer avantage. Je veux le faire mener à Rochester, & l'y faire garder, mais à vûe seulement pour sauver les apparences. Je vous ai choisi tous deux pour cela; & vous serez les seuls qui aurez mon secret. Je lui donnerai quelques-uns de ses Gardes ordinaires, ausquels il croira pouvoir se fier; mais le plus grand nombre sera de mon choix. Il ne manquera pas de faire de nouvelles tentatives pour se sauver, & d'emploier pour cela les Gardes qui seront de sa connoissance. Vous ne ferez pas semblant de vous en appercevoir ; & vous lui laisserez le tems de se rendre à la mer. Alors vous courrez sur ses traces, & vous marquerez beaucoup de regret de sa fuite. Vous concevez maintenant l'importance de ce projet, continua le Prince ; c'est aujourd'hui l'unique moien de rendre la paix à cet Etat. le tems décidera du reste. Allez, executez fidélement mes ordres, & comptez sur ma reconnoissance.

En sortant du cabinet, nous rencontrames Milord . . ., qui nous attendoit ; il vint à nous d'un air mystérieux, & nous aiant tiré à l'écart, il nous dit : Je suis du Conseil, je sai de quoi le Prince vous a entretenus. Voulez-vous lui rendre un service signalé ? Soiez si attentifs au tems de l'évasion du Roi, qu'il ne puisse vous échapper ; vous prendrez alors vos Gardes pour l'arrêter à quelques lieues de Rochester ;

ter; & si quelqu'un de sa suite fait la moindre résistance, comme cela ne peut manquer d'arriver, vous ferez main-basse sur toute la troupe, sans l'épargner lui-même. Mais, repartis-je, le Prince ne nous a point donné cet ordre. Ne voiez-vous point, reprit Milord..., que ces sortes de services ne s'exigent point; & que dans une occasion comme celle-ci, il faut entendre à demi mot. Je crus que Milord de... ne nous parloit pas ainsi sans un ordre secret, & je lui engageai ma parole, de servir fidelement le Prince. Cependant j'ai sû depuis que loin d'être autorisé, il s'étoit attiré l'indignation de son Maître, en lui découvrant après la fuite du Roi Jacques, la noire commission dont il nous avoit chargez.

Nous nous rendimes à Londres avec les Gardes que le Prince avoit marquez. Le Roi y étoit arrivé. Nous lui déclarames respectueusement que le Prince souhaitoit qu'il se retirât pour quelque tems à Rochester, qu'il le prioit d'y consentir, & de trouver bon que nous eufeussions l'honneur de l'y accompagner. Il nous répondit qu'il le feroit volontiers, puisque cela étoit nécessaire, & qu'il étoit prêt à partir quand on voudroit. Nous sortimes de Londres le 27 du mois de Novembre. Le Prince y fit son entrée le lendemain. Rochester n'est qu'à vint cinq mille de Londres, c'est une petite ville assez agréable: le château étoit en assez bon état pour servir de logement à sa Majesté. Nous fimes la garde à sa porte, comme s'il eût été au Palais de Saint James. Il sortoit peu, parce-qu'il sentoit bien qu'il n'avoit que les apparences de la liberté. Il fut d'abord assez solitaire, personne ne se presentant pour lui rendre visite; mais lorsqu'on sut dans la suite, qu'il pouvoit voir librement tous ceux qui se présentoient, sa chambre fut toujours pleine de ses plus fideles serviteurs, qui venoient l'entretenir; les uns publiquement, les autres en secret. Ce fut dans les premiers jours que j'eus l'honneur de lui parler plus particulierement. Ce Roi déplorable étoit dans une agitation

tion qui faisoit connoître l'état de son ame. Il me repéta plusieurs fois: Vous verrez que tout ceci se terminera à quelque chose de funeste. Les Anglois sont irritez, j'avoue que je n'ai point gardé asses de mesures; & que le zele de la Religion m'a fait faire des fautes considérables. Une autre fois il me dit: Mais, vous qui étes François, pourquoi prenez-vous parti contre moi pour mes ennemis? On ne me hait point en France. Non, Sire, lui repartis-je, on ne hait point Votre Majesté en France; & de tous les François, je suis un de ceux qui ont le plus de respect pour Elle: mais vous savez, Sire, qu'on n'est pas le maître de sa fortune, & que souvent sans l'avoir prévû l'on se trouve assujetti aux nécessitez les plus fâcheuses. Les grands Rois ne sont pas les seuls dont la fortune est exposée quelquefois à de grands malheurs. Il voulut savoir par quel accident je me trouvois en Angleterre, & dans le poste que j'occupois. Je lui racontai toute mon histoire: il l'écouta attentivetivement, & m'en parut touché.

J'avoue qu'en faisant réflexion sur l'infortune d'un si grand Roi, que je voiois non seulement à la veille de perdre une couronne qui lui appartenoit légitimement; mais dans l'appréhension même de se voir arracher la vie par ses propres sujets, je commençai à trouver qu'il y avoit quelque chose de honteux & de barbare dans la commission dont je m'étois chargé. Cette pensée se fortifia tellement dans mon esprit, qu'elle m'occupoit sans cesse. Tuer un Roi! me disois je; faire le personnage d'un lâche assassin! Non, je ne veux point me deshonorer par une action si infame. Je puis bien être le plus malheureux de tous les hommes, mais je ne me rendrai point le plus détestable de tous les scélérats. Mais d'un autre côté, trahirai-je la confiance d'un Prince qui m'honore de son amitié, & qui se repose sur ma parole? Puis-je même l'entreprendre avec sûreté? Ce n'est pas ma fortune seulement qui en dépend, ma vie y est peut-être attachée: car où me retirer si je manque à la promesse que j'ai faite à Milord de. . . ., qui m'a parlé sans doute de la part du Prince d'Orange? Tous les Ports d'Angleterre sont gardez. Si je démeure dans le pays, éviterai je le soupçon d'avoir revelé son secret? La crainte que je ne le revele suffira pour lui faire désirer ma mort, quand il aura lieu de croire que j'ai refusé d'executer son dessein.

Dans le tems même que je sentois le plus vivement ces remords, mon associé le Général Warnef venoit quelquefois me donner diverses indices, que le Roi songeoit à la fuite. Il me consultoit sur les mesures que nous avions à prendre pour ne pas manquer notre coup. Je l'écoutois avec une peine extrême, & je tâchois toûjours de lui ôter cette pensée de l'esprit, en l'assurant que j'étois aussi attentif que lui, & que je n'avois pourtant rien découvert. Warnef étoit un bon Hollandois, zelé jusqu'à la fureur pour le Prince d'Orange: il étoit d'ailleurs, brave & entreprenant. Milord. . . . nous avoit jugé tous deux

deux propres à l'execution de son projet, parce que étant étrangers, nous n'avions aucun lien qui nous attachât à la personne du Roi, ni aucune raison par conséquent de le ménager. Cependant je répondis mal à son espérance. Je résolus de risquer tout, & ma vie même, plutôt que de souiller mes mains par le meurtre d'un Roi innocent. Voici de quelle maniere je me tirai d'un si mauvais pas. J'écrivis ces mots sur un papier : „ Fuyez, grand Roi, „ le plus promptement que vous „ pourrez. Vous étes mal gardé, „ vous pouvez fuir : s'il arrive qu'en „ fuiant vous soiez poursuivi, ne „ songez pas à vous defendre, il y „ va de votre vie.

Je mis ce billet dans les Heures du Roi sur son Oratoire, au moment qu'il y alloit faire sa priere & je me retirai sans qu'il eût pu m'appercevoir. Je craignois qu'il ne fit paroître trop d'inquiétude, & que cela ne donnât sujet à Warnef de se défier de quelque chose; mais il fut assez maître de son visage, quoique je m'apperçûsse de son em-

embarras. Le soir je fis entendre à Warnef, qu'un courrier de la part du Prince d'Orange m'avoit apporté ordre de me rendre à Londres, mais apparemment pour en revenir le même jour. Je pris la poste le lendemain de grand matin : je passai par Londres sans être reconnu : je m'étois précautionné contre ce péril, en préparant ce que j'avois à répondre au Prince, si j'eusse eu le malheur d'être arrêté : j'aurois pu éviter de passer par Londres, en suivant le dessein que j'avois de me rendre à Southampton, où je savois qu'une partie de la Flotte qui avoit apporté le Prince s'étoit retirée ; mais deux raisons m'obligerent de prendre ce détour : la premiere étoit la crainte que Warnef ne se doutât de ma fuite, & qu'il n'en donnât avis au Prince, s'il eût appris du courrier, que je n'eusse pas pris le chemin de la capitale. L'autre raison qui m'avoit paru encore plus nécessaire, étoit que les Officiers de la Flotte de Southampton auroient pu se défier de moi, dans un tems où tout étoit sus-

suspect, s'ils ne m'eussent pas vû arriver par la grande route de Londres. Je fis une diligence si extraordinaire, que j'entrai le soir du même jour à Southampton. Je dis aux Officiers, que j'allois à la Haye par ordre du Prince, pour une depêche de la derniere importance, & de laquelle dépendoit tout le succés de son entreprise; qu'il falloit me mettre en mer sur le champ avec le meilleur voilier qu'ils eussent dans la Flotte: je leur recommandai de se hâter, en leur promettant de faire valoir auprès du Prince le zele qu'ils auroient pour son service. J'étois connu de la plûpart, à cause de l'emploi que j'occupois. Ils étoient bien éloignez de croire que je pûsse les tromper. Le vaisseau se trouva prêt à minuit, je partis sur le champ, & nous abordames heureusement à la Brille, après une navigation de dix-huit heures. J'oubliois de dire que j'avois laissé Scoti à Rochester. Je m'y étois crû obligé pour mieux tromper Warnef. Je donnai ordre à ce fidele valet, de se rendre

dre le plutôt qu'il lui ſeroit poſſible à Cologne, où il auroit de mes nouvelles à la Poſte.

Ce fut en effet le chemin que je pris en arrivant à la Brille. Je paſſai par Utrecht & par Nimegue, que je voulus voir avant que de quitter la Hollande. J'avois vû Amſterdam, Leyden, Rotterdam, & pluſieurs villes charmantes de ce beau pays, pendant le ſejour que j'avois fait à la Haye.

J'arrivai à Cologne le jour de Noël de l'année 1688. Cette ville avoit un nouveau maître dans la perſonne du Prince Clement de Baviere; les habitans étoient encore dans la joie, que ces changemens inſpirent. Je le reconnus en entrant dans la ville par les tableaux & les autres ornemens que je vis ſur les portes de la plûpart des maiſons & par diverſes troupes de maſques que je rencontrai dans les rues. C'eſt ainſi que ces peuples bons & naturels donnent des témoignages de leur zele & de leur attachement pour leurs Princes. Je pris mon logement à la Poſte même, afin que

que Scoti eût moins de peine à me trouver. Je l'attendis trois semaines entieres ; & je commençois à m'impatienter de son retardement, lorsque je le vis entrer dans ma chambre. Ce pauvre garçon qui avoit des sentimens plus relevez que le commun des gens de sa sorte, & qui m'aimoit tendrement, parce qu'il me regardoit en quelque façon comme son éleve, ne pouvoit me marquer assez la joie qu'il avoit de me revoir. Il eut pendant un quart-d'heure la bouche collée sur ma main. Enfin je lui demandai comment il s'y étoit pris pour sortir d'Angleterre. Il me dit qu'on n'y avoit été assuré de mon évasion que quatre jours après ; qu'aussitôt que Warnef l'eut apprise, il l'avoit fait mettre en prison, où il avoit demeuré trois jours ; qu'on lui avoit fait durant ce tems-là mille questions sur les motifs de ma fuite, & sur le lieu de ma retraite ; mais qu'aiant toujours répondu qu'il l'ignoroit, & qu'il étoit celui qui en souffroit davantage, puisque je l'avois abandonné seul & sans secours

cours dans un pays étranger, on lui avoit rendu la liberté. Il me raconta que peu de jours après, le Roi Jacques s'étoit ſauvé de Rocheſter pendant la nuit, accompagné de ſon fils le Duc de Berwick; que le Général Warnef l'avoit pourſuivi; mais que ce Roi infortuné avoit été heureux dans ſa fuite, & que graces à ſes guides il avoit gagné le bord de la mer ſans mauvaiſe rencontre; que tous les Seigneurs d'Angleterre s'étoient accordez avec le peuple pour offrir la couronne au Prince d'Orange; que la tranquillité paroiſſoit entiérement rétablie dans ce Roiaume, & qu'il en étoit ſorti ſans peine dans un vaiſſeau qui l'avoit apporté juſqu'à Rotterdam, d'où il avoit pris auſſitôt le chemin de Cologne.

Je demeurai encore quelques jours dans cette ville, pour donner à Scoti le tems de ſe repoſer. J'y appris de quelques Officiers Allemans, qui y étoient à faire des recruës, que la Diette de Ratisbonne avoit declaré la France & le Cardinal de Furſtemberg ennemis de l'Empire ; que le Prince Herman de Bade avoit approuvé le résultat de la Diette au nom de l'Empereur ; & que selon les apparences, la guerre recommenceroit bientôt entre les deux couronnes. Cette nouvelle me chagrina. Mon dessein en entrant en Allemagne, étoit d'aller servir dans l'armée Impériale contre les Turcs. Je craignis que l'Empereur dans la vûe de pousser plus vivement le Roi Très-Chrétien, ne prît des mesures pour conclurre la paix avec les Infideles ; ce qui auroit dérangé tous mes projets, car j'étois dans la résolution de ne porter jamais les armes contre la France. Cependant quelques jours après je lûs dans les nouvelles publiques, que le Prince Louis de Bade étoit envoié sur le Danube pour faire tête aux Turcs. Je me hâtai de me rendre à Vienne pour l'ouverture de la campagne, dans l'espérance d'y obtenir de l'emploi. Je trouvai cette ville dans une agitation extrême causée par les grands préparatifs qu'on faisoit pour la guerre. L'Empereur Leopold étant ré-

résolu de rompre avec la France, vouloit faire cette année un effort extraordinaire contre les Turcs, pour les contraindre à une paix qui lui fut avantageuse. On faisoit de toutes parts de nouvelles levées, & tout sentoit les approches d'une guerre sanglante. Je me logeai dans une Auberge Françoise, à l'enseigne du Lion d'or.

Mon premier embarras fut à trouver un protecteur, ou du moins quelque Officier Général, qui voulût accepter mes services. Je cherchai d'abord l'occasion de faire quelque connoissance à la Cour. Je m'étois mis fort proprement. Ma taille étoit remarquable ; & de longs cheveux blonds qui me descendoient jusqu'à la ceinture, m'attirerent assez les regards ; mais dans un pays comme la Cour, on est négligé lorsqu'on a le malheur de n'être connu de personne. Je m'imaginai que le jeu pourroit servir à me faire des amis. On jouoit chez plusieurs personnes de qualité ; mais aiant entendu dire que les plus grands Seigneurs alloient jouer chez le Comte de Caprara, je ne manquai pas de m'y trouver réguliérement. Je n'y fis pas de gain considérable, excepté celui de l'estime & de l'amitié du Comte de Vieneratsz, membre du Conseil Impérial, qui me donna bientôt des témoignages d'une bonté singuliere. Je lui avois gagné mille écus argent comptant, & deux mille francs sur sa parole. Il me dit en sortant, que si je voulois prendre la peine de venir à son Hôtel, & monter avec lui dans son carosse, il acheveroit de me satisfaire. Je lui répondis que les deux mille francs étoient une bagatelle, à laquelle je ne pensois plus depuis que nous avions quitté le jeu; mais que je ne refusois pas l'honneur de l'accompagner jusques chez lui. Il ne crut pas cette réponse sérieuse. Nous montames en carrosse; & il fut fort surpris lorsqu'étant arrivez à la porte de son Hôtel, je le remerciai de l'honneur qu'il m'avoit fait, & je lui tirai ma révérence pour m'en retourner chez moi. Il me fit souvenir lui même de mon argent: je persistai à lui dire que ce n'étoit pas la peine, & que j'oubliois les det-

tes

tes du jeu, dès que j'avois cessé de jouer. Et moi, me dit il, je n'oublie jamais de paier; je veux non seulement que vous veniez prendre ce qui vous est dû, mais que vous me fassiez avec cela le plaisir de souper avec moi. Il y auroit eu de la grossiereté à refuser; & d'ailleurs je ne demandois point autre chose, parce que je prévoiois où cela me pourroit conduire. J'entrai avec le Comte: il commença par me compter les deux mille francs, qu'il me força d'accepter. Ensuite nous nous mîmes à table. Il n'y avoit avec nous que ses deux fils, dont le plus jeune étoit Capitaine dans le Régiment du Baron de Rosech son oncle, & frere du Comte. La conversation roula pendant quelque tems sur les agrémens de la France & de Paris. Les deux jeunes gens me firent surtout mille questions sur la Cour, & sur la personne du Roi Louis Quatorze; sur le mérite des Dames, & sur la réputation qu'elles ont d'être galantes. Comme je relevois tout cela par de grands éloges, ils me demanderent comment j'avois pu m'éloigner d'un pays que je paroiſſois ſi fort eſtimer. Je leur appris le motif de mon voiage, c'eſt à dire, l'envie de ſervir l'Empereur contre les Infideles; je leur dis en même tems, que ne connoiſſant perſonne dans l'armée Impériale, j'avois quelque peine ſur la maniere de m'y préſenter. Voilà mon fils, me dit le Comte, qui aura l'honneur de vous préſenter au Baron de Roſech qui eſt mon frere; ou bien, ſi vous voulez être connu de Monſieur le Prince Louis de Bade, j'écrirai moi-même au Baron, afin qu'il vous introduiſe chez ce Prince. Je leur répondis que ces offres m'étoient trop honorables & trop avantageuſes pour être refuſées; mais qu'il me ſuffiroit pour la premiere campagne, d'être préſenté à Monſieur le Baron de Roſech; que je ne voulois ſervir d'abord qu'en qualité de volontaire, & que je tâcherois à la ſuite de mériter par mes actions quelque choſe de plus.

J'eus depuis ce tems là une entrée libre chez Monſieur le Comte de de Vieneratſz, & je fis particulierement connoiſſance avec Monſieur de Mariener ſon ſecond fils. Il étoit aimable, & il avoit l'eſprit aiſé & délicat. Il me fit connoître quantité de perſonnes de diſtinction pendant quelques ſemaines que nous paſſames à Vienne. Je ne rapporterai qu'une avanture de pluſieurs qui m'arriverent avec lui, pour donner une idée des plaiſirs Allemands, & de la galanterie Germanique. Monſieur de Mariener aimoit une perſonne fort jolie, chez laquelle il me menoit fort ſouvent. Cette jolie perſonne avoit un autre amant, qui étoit auſſi homme d'épée, & les deux rivaux ſe rencontroient tous les jours paiſiblement & ſans jalouſie chez leur maîtreſſe. Elle étoit ſi ſûre de leurs inclinations pacifiques, qu'elle prenoit plaiſir quelquefois à les agacer l'un contre l'autre, & à leur ſuſciter quelque débat pour des bagatelles. Un jour que nous parlions de débauches de table, elle dit à mon ami Mariener, qu'elle ne le croioit pas ſi propre à la ſoûtenir que Monſieur de

Rollis; c'étoit le nom du rival. Il crut son honneur interessé à prouver sa bravoure dans ce genre d'escrime, & porta sur le champ le défi à Monsieur de Rollis. On convint des conditions. La Demoiselle fut établie pour juge, du consentement des deux parties. Le champ de bataille fut marqué chez un Traiteur Allemand, nommé Vickl of. Le combat devoit durer huit heures, & les deux champions s'engagerent à se rendre ensuite chez la Demoiselle, afin qu'elle pût juger de quel côté seroit l'avantage; ou s'il arrivoit que l'un des deux demeurât par terre, l'autre devoit se venir présenter seul, pour rendre témoignage de sa victoire. Je fus choisi pour être spectateur du combat.

Le lendemain, qui étoit le jour destiné, Monsieur de Mariener vint m'éveiller à six heures du matin. Allons, mon ami, me dit-il en tirant mes rideaux, il n'y a point de tems à perdre; il me tarde d'en venir aux mains. Je me levai, & je le priai de moderer un peu cette

ar-

ardeur pour la gloire. La journée, lui dis je, est assez longue ; & de la vivacité dont je vous vois tous deux, je prévois qu'il vous faudra bien moins que huit heures pour terminer la bataille. Un peu de patience, s'il vous plaît, & tenons conseil avant que d'aller à l'ennemi. Votre entreprise est grande, continuai je d'un ton grave, mais il faut qu'elle soit conduite avec prudence : qui sait si votre ennemi, à l'heure que nous parlons, ne médite pas quelque stratagême pour triompher plus aisément de vous ?

Dolus, an virtus, quis in hoste requirat ? M'en voulez vous croire ? Prenons le devant, & mettons tout en œuvre pour prévenir ses coups, & lui porter plus sûrement les nôtres. J'ai oui dire à un buveur des plus expérimentez de notre France qu'une soupe aux choux prise le matin, & une cueillerée d'huile d'olive avalée par dessus, rendoient une tête presque invulnérable aux fumées du vin. L'artifice est innocent..... Me croiez-vous capable d'une pareille lâcheté ?

reprit-il en m'interrompant; vous voulez que je doive la victoire à quelqu'autre chose qu'à moi-même, & à ma propre force? Non, je suis franc jusques avec mes ennemis. Je serois bien flatté d'un avantage dont je ne serois redevable qu'à votre soupe aux choux & à votre cueillerée d'huile d'olive. Allez, ajouta-t-il, je croiois les François plus braves.

Il me dit quantité d'autres belles choses de même nature, & j'eus toutes les peines du monde à lui faire goûter mon conseil. Cependant après lui avoir prouvé par plus d'un passage des Anciens, que les plus grands Capitaines ont quelquefois usé de supercherie dans l'occasion, & que la gloire dépend moins des moiens que du succès,, je le déterminai à suivre mes avis. Je fis accommoder sur le champ une soupe aux choux que nous mangeames ensemble, & je lui fis avaler en ma présence une grande cueillerée d'huile. Nous partimes ainsi armez jusqu'aux dents. Nous fimes rencontre de l'ennemi qui se promenoit fie-

fierement ſur une place en nous attendant. Je vis la fierté & l'eſpérance de vaincre, briller, dans les yeux des deux combattans. Nous entrames chez Vicklof. Ils vouloient d'abord en venir aux attaques. Doucement, leur dis je ; je ſerai, s'il vous plaît, du premier choc. Commençons par déjeuner tous trois ſans intérêt de parti, & puis je vous laiſſerai battre à votre aiſe. Le repas meritoit bien en effet que je ne demeuraſſe pas ſpectateur inutile. Lorſque nous eumes fini, je me mis dans un fauteuil à ſix pas de la table, qui fut en un inſtant chargée de bouteilles, auſſi-bien que le Buffet. J'avois conſeillé à Monſieur de Mariener d'en venir tout d'un coup aux raſades, ſans s'amuſer à eſcarmoucher avec de petits verres. Effectivement le poids du vin ſe précipitant dans ſon corps graiſſé d'huile, paſſoit preſque auſſi tôt ſans faire d'impreſſion ; de ſorte qu'il étoit obligé à tous momens d'aller au baſſin, qui n'étoit pas éloigné d'eux. Ils burent d'abord la ſanté de l'Empereur & de toute la Maiſon Impériale, celle du Prince Louis de Bade, celle de leur maîtreſſe, & la mienne. Enſuite le combat commença ſerieuſement à s'échauffer: leurs verres tenoient ſans exagération plus d'une demi-bouteille de France. J'étois attentif à tous leurs mouvemens; & je conſidérois dans leurs yeux & dans leurs diſcours le progrès des effets du vin. Quelles réfléxions ne fis-je point alors ſur l'extravagance des hommes, qui va juſqu'à leur faire trouver de la gloire à s'avilir par la perte volontaire de leur raiſon, & à ſe ravaller au deſſous des bêtes par des excès ſi indignes d'eux! Je formai intérieurement la ſincere réſolution d'éviter toute ma vie ces honteuſes débauches, & je dois à ce ſpectacle la ſobriété avec laquelle j'ai toujours vêcu depuis. Le combat finit après avoir duré environ trois heures: la langue du pauvre Rollis s'épaiſſit, ſes yeux s'obſcurcirent, il chancela quelque tems ſur ſa chaiſe, & ſa main tremblante ne conduiſoit plus qu'à peine le verre juſqu'à ſa bouche. Enfin voulant

lant se lever pour quelques besoins, il tomba sur le plancher, & ne put venir à bout de se remettre sur ses jambes. Je lui offris mon secours; il ne me répondit qu'en bégaiant par quelques mots entrecoupez. Je fis quelques efforts pour le relever; mais les voiant inutiles, je le laissai étendu tout de son long dans un profond assoupissement. Mariener charmé de sa victoire eut encore le courage de boire quelques rasades, assis sur le cadavre de son ennemi, & de chanter ainsi le verre à la main. Il me fit promettre que j'attesterois ce dernier exploit à sa maitresse. Nous allames aussitôt chez elle: elle se divertit quelque tems aux dépens de Monsieur de Mariener, qui conservoit encore un reste de raison, & assez de force pour retourner chez lui sans secours. Je le fis mettre au lit, & je lui fis prendre un remede rafraîchissant. Cinq ou six heures de sommeil le rétablirent tout-à fait.

Nous partimes de Vienne pour aller joindre le Régiment de Rosech qui avoit passé l'hyver à Novibazar petite ville de la Servie. Cette Province étoit le théatre de la guerre. La campagne s'ouvrit de bonne heure. L'armée ne fut pas plutôt assemblée, que le Prince de Bade s'avança vers les Infideles, en cherchant l'occasion de les combattre. Il savoit de quelle maniere il les falloit attaquer, depuis qu'il les avoit défaits l'année précédente dans la Bosnie, & il se pressoit de profiter de l'avantage que cette connoissance lui donnoit sur ces troupes mal disciplinées. D'ailleurs elles étoient abbatues des pertes des dernieres campagnes; il ne falloit pas leur laisser le tems de revenir de cette consternation. Nous attaquâmes quelques petites places qui firent peu de résistance; mais comme ce n'étoit que pour nous ouvrir le chemin, nous approchames d'une riviere qu'on appelle la Morave. Ce fut là que j'eus l'honneur de saluer pour la premiere fois Monsieur le Baron de Rosech, qui se rendit alors à son Régiment. Les coureurs rapporterent qu'il étoit arrivé à Jagodin un corps de dix mille Turcs; comme nous n'en étions éloi-

éloignez que d'une lieue, le Prince de Bade fit avancer l'armée pour les charger. Nous le fimes avec beaucoup de vigueur. Ils se battirent d'abord assez courageusement; mais nous fumes surpris de les voir tout d'un coup tourner le dos. Il y en eut un bon nombre de tuez dans la premiere attaque, & dans leur fuite. Nous demeurames maîtres de leur camp qu'ils avoient commencé à fortifier, & de soixante pieces de canon, sans compter plusieurs milliers de poudre, & d'autres munitions.

Monsieur le Prince de Bade aiant appris de quelques prisonniers Turcs, que le gros de l'armée ennemie n'étoit pas éloigné; & qu'elle étoit beaucoup plus nombreuse que la nôtre, tint conseil sur la marche que nous devions faire. La plûpart panchoient à nous fortifier dans le camp où nous étions, en attendant les secours qu'on devoit envoier de la haute Hongrie. Mais le Prince aiant tout consideré, jugea que quelque renfort qu'il pût recevoir, son armée n'égaleroit jamais celle des Turcs qui grossissoit

tous

tous les jours ; & qu'il valoit mieux en venir à une bataille avant qu'ils eussent le tems de se fortifier davantage. Il fit revenir tout le conseil à son sentiment. Nous primes notre marche vers Nyssa où les Infideles étoient au nombre de quarante mille hommes. Nous n'étions tout au plus que dix huit ou vingt mille. Cela ne nous empêcha point d'avancer avec beaucoup de resolution. Nous eumes quelque peine à être informez exactement de la situation des Turcs, ce qui nous obligea à demeurer sous les armes pendant un jour tout entier en arrivant sur la Nissave. C'est une petite riviere que nous passames le soir ; & le lendemain sur les sept heures du matin, nous nous préparames à la charge. Elle commença par l'aîle droite de notre petite armée, que le Prince de Bade commandoit lui-même. J'étois par derriere lui au premier rang des Volontaires. Le Regiment de Rosech étoit sur la premiere ligne ; de sorte que je n'étois pas loin de Monsieur de Mariener. L'armée Turque étoit

étoit fort mal disposée, soit par la faute du Seraskier qui ne passoit pas pour un grand homme de guerre ; soit par la situation du lieu qui n'étoit pas avantageuse au grand nombre ; parce que nous étions resserrez entre la Nissave & un grand fossé qui s'étendoit assez loin de l'autre côté. Enfin l'affaire s'engagea. Les Spahis qui faisoient le front de l'armée ennemie, plierent, & furent rompus à la premiere attaque. Les Janissaires qui sont les plus orgueilleux de tous les hommes, voiant ce desordre, & que les Spahis se renversoient sur eux, firent de desespoir une décharge sur les Spahis même, pour les animer ou pour les punir. Monsieur le Prince de Bade nous fit appercevoir cet avantage, & nous en profitames si bien, que nous les défimes entiérement. Le Seraskier fut un des premiers à fuir. Il se retira avec les débris de son armée du côté de Sophie capitale de la Bulgarie. Nous les poursuivimes l'espace d'une lieue, mais le Prince fit donner des ordres d'arrêter, par-

parce que nos troupes étoient fatiguées de la marche des jours precédens. Après être sorti heureusement du combat, & avoir fait quelques actions, qui m'avoient attiré les regards du Général, j'eus le malheur d'etre blessé, lorsque je m'y attendois le moins. Je revenois de la poursuite des fuiards; & comme nous pensions n'avoir rien à craindre, parce que nous étions les maîtres du terrain, nous marchions séparez & sans ordre. J'apperçus moi sixiéme, dix Janissaires qui sortoient d'une basse cour, où ils s'étoient cachez. Nous piquames droit à eux en criant: Arrête, arrête. Ils n'entendirent pas sans doute notre langage; mais jugeant bien qu'ils alloient être attaquez, ils se réunirent, le sabre au poing, & nous attendirent de pied ferme. Nous avions par bonheur rechargé nos pistolets; nous les tirames à bout portant, voiant qu'ils ne faisoient pas mine de se rendre, & nos six coups en mirent cinq par terre. Les cinq autres ne laisserent pas de nous allonger quelques coups de sabre,

bre, dont un de mes compagnons eut la tête fendue, & moi une large blessure à l'épaule, qui me découvroit jusqu'à l'os. Tout cela se fit en un instant. Nos six derniers coups eurent moins d'effet, ils n'abbatirent qu'un Janissaire; mais une vingtaine de nos gens qui venoient par derriere, accoururent au bruit, & nous voiant blessez ils mirent en pieces les quatre autres.

En retournant vers le champ de bataille, nous rencontrames Monsieur le Prince Louis de Bade, qui envoioit des ordres de tous côtez pour rassembler ses troupes. Il me fit un compliment fort honnête sur ma blessure, & me conseilla de ne pas differer à me faire panser. Il ajoûta qu'il me reconnoissoit bien, & qu'il n'oublieroit pas ce qu'il m'avoit vû faire dans l'action. Je le remerciai de sa bonté, & je lui dis que je souhaitois d'être guéri promptement, pour aller lui marquer mieux ma reconnoissance.

Nissa ouvrit ses portes au Vainqueur, aprés quelques momens d'une vaine résistance. Le Prince ne ne ſe contenta pas de ces divers avantages : il réſolut, avant que de finir la campagne, de s'emparer de Vidin, derniere place de la Servie, aux frontieres de la Bulgarie, pour ſervir de barriere aux Turcs, & aſſurer ſes conquêtes pendant l'hyver. Il fit venir les munitions néceſſaires de Belgrade & de Jagodina ; & après avoir laiſſé prendre quelques jours de repos à ſon armée, il s'achemina vers le Danube, aux bords duquel eſt ſitué Vidin. Je balançai ſi je devois être de cette expédition. Le Baron de Roſech, Mariener, & tous mes amis tâchoient de m'en diſſuader. Ma bleſſure demandoit encore quelque tems pour être refermée, & mon Chirurgien me faiſoit garder un régime qui m'avoit affoibli. L'amour de la gloire fut néanmoins le plus fort. Je ſuivis l'armée dans l'état où j'étois. Vidin ne tint que quatre jours. Cette malheureuſe ville fut priſe d'aſſaut, & la licence des ſoldats Allemans peut mieux s'imaginer que ſe décrire. J'entrai dedans pendant qu'on la pilloit. J'y ſauvai la vie à l'Archevêvêque Grec, qui vint se jetter à mes genoux, avec deux de ses neveux, & sa niece qui avoit à peine onze ou douze ans. Je les conduisis hors de la ville, dans un lieu de sûreté. L'Archevêque avoit sous son manteau un sac plein de pieces d'or, dont il me pria d'accepter la moitié. Je la refusai, en lui faisant entendre par mes gestes, que j'étois très satisfait de lui avoir rendu ce petit service. Le Prince mit ensuite ses troupes en quartier d'hyver dans la Valachie & la Transylvanie, à la reserve du corps d'armée qu'il laissa en Servie. Je résolus de le saluer avant son départ pour Vienne, où il devoit aller rendre compte à sa Majesté Impériale, des opérations de cette glorieuse campagne. Je priai le Baron de Rosech de m'introduire. J'avois encore le bras en écharpe. Cet illustre Prince me reçut le plus gracieusement du monde; il me donna des marques d'estime qui alloient bien au delà de mon mérite, & me fit présent d'une Compagnie de Dragons dans le Régiment de Bolemdam. Je lui répondis

dis que l'honneur qu'il me faiſoit me couteroit peut-être bien cher; parce qu'il m'alloit faire prodiguer ma vie pour m'en rendre digne. Il partit peu après pour Vienne, accompagné du Baron de Roſech, & de quantité d'autres Seigneurs. Monſieur de Mariener devoit retourner auſſi à la Cour, & m'avoit déterminé à y aller paſſer l'hyver avec lui; mais il voulut abſolument que nous demeuraſſions encore quelques ſemaines à Vidin pour attendre que ma bleſſure fut entiérement guérie. Son amitié lui coûta la vie, & à moi la liberté.

Les Turcs qui étoient répandus dans divers quartiers de la Bulgarie, voïant l'armée Impériale ſéparée, crurent pouvoir impunément faire leurs excurſions ordinaires dans la Servie, où ils enlevoient tout ce qu'ils pouvoient trouver de Chrétiens, hommes & femmes, & les emmenoient dans une dure captivité. Lorſqu'on apprenoit qu'ils avoient paru de quelque côté, on faiſoit des détachemens des garniſons de Vidin, de Niſſa, de Semenmendrie, & des autres places voisines, pour leur donner la chasse. Cela réussit plusieurs fois fort heureusement. Monsieur de Mariener ne manquoit jamais de se trouver à ces petites attaques, & n'en revenoit pas sans s'y être acquis quelque honneur. Je me rétablissois pendant ce tems là. Enfin je me crus en état d'entreprendre le voiage de Vienne. Nous primes jour pour le départ. Tout étoit prêt, & nous avions fait nos adieux aux Officiers de la Garnison, lorsqu'on apprit qu'un parti de cinquante Turcs s'étoit avancé jusqu'à un petit village appellé Crasted, qui n'étoit qu'à deux lieues de la ville. Allons, mon ami, me dit Mariener, il faut couper la tête à quelques-uns de ces coquins-là, quand notre départ devroit être reculé d'un jour. Je donnai les mains à tout ce qu'il voulut. Nous nous mîmes avec quelques autres Officiers à la tête de cent hommes du Regiment de Seikirk, & sans autre précantion nous fondimes sur les Infideles comme sur une conquête aisée.

On

On nous avoit trompé : les Turcs pour nous ſurprendre avoient fait courir le bruit qu'ils étoient en petit nombre ; mais outre les cinquante que nous rencontrames d'abord, ils étoient plus de cinq cens derriere le village, qui vinrent tomber ſur nous avec une horrible furie. Nous nous crumes tous perdus, & nous vimes bien qu'il n'étoit plus queſtion que de vendre cherement nos vies. Notre petite troupe fit des prodiges de valeur ; mais il fallut ſuccomber ſous le nombre. Je vis tomber à mon côté le malheureux Mariener. Sa mort me rendit furieux. Je me jettai le ſabre à la main dans la plus épaiſſe mêlée. Le Ciel qui vouloit me conſerver la vie malgré moi, permit que ce qui devoit me la faire perdre mille fois, fût cauſe de mon ſalut. Je me trouvai tellement preſſé par les Turcs qui m'environnoient, que ne pouvant même lever le bras pour décharger mon ſabre, ils me l'arracherent facilement. J'avois tué quatre de ces Infideles de ma main, ſans compter ceux que j'avois bleſſez.

Ils perdirent plus de deux cens hommes dans ce combat ; mais presque tous mes compagnons perirent. Il n'y en eut que sept qui furent faits prisonniers avec moi, deux desquels étoient si blessez, que les Turcs desespérant de les sauver, les massacrerent à mes yeux. Je fus présenté au Chef de cette troupe. Mon air & mes habits lui firent juger que j'étois homme de qualité. Il me retint pour sa proie, & permit seulement à ceux qui m'avoient amené, de prendre tout l'argent qu'ils trouverent dans ma poche. Ils ne me laisserent que mon mouchoir, & quelques livres que je portois ordinairement sur moi. On me lia les mains, & l'on me mit sur un cheval qu'un Turc conduisit par la bride. Je fus mené dans cet équipage à Sophie, dans la maison d'Elid Ibezu, à qui j'appartenois, & je fus enfermé seul dans une chambre fort obscure.

Fin du premier Tome.

BIBLIOTHEQUE DE L'ARSENAL

APPROBATION.

J'Ai lû par l'ordre de Monseigneur le Garde des Sceaux, le Manuscrit qui a pour titre: *Les Avantures, d'un homme de qualité, qui s'est retiré, &c.* A Paris le 13. Mars 1728.

BLANCHARD.

www.ingramcontent.com/pod-product-compliance
Ingram Content Group UK Ltd.
Pitfield, Milton Keynes, MK11 3LW, UK
UKHW022056260726
13993UKWH00001B/146

9 782329 233482